Comunicación

Desarrollar La Competencia En Comunicación Oral Y
Escrita Para Lograr El Avance Profesional

*(Estrategias Para Mejorar La Comunicación Y Cultivar
Relaciones Auténticas)*

Jeronimo Aguilar

TABLA DE CONTENIDOS

Introducción 1

La Incentivación Y Administración Del Potencial Humano 19

Creación De Sentido 36

Los Beneficios De Exponer Su Discurso En 66

Desigualdad Mental: Un Obstáculo Para La Comunicación Efectiva 78

El Papel Y La Importancia De La Empatía En Su Relación 94

"¿Cuál Es La Definición De Comunicación No Verbal?" In A Formal Tone. 115

El Papel De Un Portavoz En La Empresa 147

Metodologías De Comunicación Escrita 165

Introducción

Es imperativo comenzar con la definición de comunicación, ya que constituye la base para acceder al concepto de comunicación total y su significado para facilitar el intercambio de información, así como para crear las condiciones ideales para su implementación dentro de las estructuras de una organización corporativa.

Enseguida se expone el avance experimentado en la comunicación física e intelectual a lo largo del devenir de la humanidad, destacando su influencia en la expansión del saber cognitivo para instaurar una transformación cultural y social constante.

A continuación, procedemos a examinar los componentes que integran el proceso comunicativo y la trascendencia que ostentan los mecanismos de comunicación tanto interna como externa en las entidades empresariales, en tanto que constituyen cimientos fundamentales del cambio. Durante el análisis, se consideran cuidadosamente los diversos tipos y formas de la comunicación organizacional.

Luego, ahondamos en el rol de la comunicación interna en el entorno empresarial y presentamos un análisis riguroso de la gestión y evaluación del sistema comunicativo y del rendimiento de las estrategias implementadas mediante la aplicación de una auditoría de comunicación interna pertinente.

La noción de comunicación.

Enfoquémonos en este concepto desde varias perspectivas.

El concepto de comunicación puede entenderse como un intercambio o interrelación, como un diálogo, como una manifestación de la vida en sociedad, pero está invariablemente ligado irrevocablemente a los requerimientos productivos de la humanidad y no puede existir en ausencia del lenguaje.

Comunicar es compartir. La comunicación implica la compartición de ideas, y el pensamiento sin palabras es inherentemente imposible.

La palabra "comunicación" tiene su origen en el término latino "communis", cuyo significado es "común". Por consiguiente, cuando nos comunicamos, nuestro propósito fundamental es establecer una convivencia armoniosa y compartir experiencias con otra persona.

El proceso de comunicación es intrincado, extenso y diverso, y se ha descrito de muchas maneras.

Según la definición de Mijaíl Lomonósov, la comunicación se refiere a cualquier proceso de interacción social que implique el uso de símbolos y sistemas de mensajería. Este enunciado abarca todo procedimiento en el que la actuación de un individuo tiene efecto como estímulo para la actuación de otro individuo. La comunicación puede manifestarse de manera verbal o no verbal, tanto a nivel interindividual como intergrupal.

Lomonósov presta atención al medio por el cual se establece la comunicación entre los participantes, así como al número de participantes involucrados.

De acuerdo a Enrique Pichon-Rivière, se puede definir la comunicación como la interacción de los individuos que participan en ella como sujetos. No solamente implica el tránsito de una entidad a otra, sino el proceso de interacción en su totalidad. Para que se produzca la comunicación se requiere un mínimo de dos personas, cada una de las cuales asume el papel de sujeto.

El enfoque empleado por Pichon-Rivière busca subrayar la identidad individual de los participantes en la comunicación como sujetos activos a través de los cuales se transmite el mensaje.

A continuación, se presentarán distintos enfoques que permitirán una comprensión integral del concepto de comunicación, dada su considerable complejidad.

La comunicación consiste en el proceso fundamental de interacción social durante el cual los individuos intercambian datos pertinentes.

La comunicación se define como el proceso de transmitir y compartir información, pensamientos, emociones y objetivos.

La comunicación puede definirse como un acto o proceso de transmisión de información a través de mensajes significativos entre fuentes y receptores que interactúan, quienes, a partir de códigos y contextos comunes y empleando estrategias apropiadas, logran el efecto de involucrarlos en sus respectivas intenciones o estados.

La comunicación puede ser definida como un proceso de interacción social que implica el uso de signos y sistemas de signos que son generados por la actividad humana. Durante el proceso comunicativo, los varones manifiestan sus requerimientos, metas, puntos de vista y afectos.

La comunicación es el acto de transferir pensamientos, ideas o cualquier otro tipo de conocimiento mediante la oralidad, la escritura o cualquier otro medio de señalización.

Mi trayectoria profesional ha evidenciado que la nomenclatura más pertinente para simplificar la emergente cultura organizacional de última generación, caracterizada por su grado de innovación y eficiencia, es la comunicación plena en todas las áreas. Esto implica la adopción de una metodología y enfoque empresarial distintos que permitan fortalecer las relaciones con los diversos actores del entorno, incluyendo proveedores, clientes y los propios colaboradores de la organización.

La implementación de una comunicación integral propicia el avance empresarial al aumentar el nivel de conocimiento a nivel personal, organizacional y tecnológico, sobre todo en aquellos factores esenciales que consolidan de manera acordada las ventajas competitivas y que coadyuvan en la satisfacción de los mercados y clientes claves; logrando así la excelencia en términos de competitividad y en la preservación de una imagen favorable ante la sociedad y su entorno.

Existen dos formas posibles de interpretar el acto comunicativo:

1. En cuanto al procedimiento de transmisión de datos. Representa una aproximación veraz de la realidad. Comprende registros físicos, contenido audiovisual, imágenes fijas, unidades de almacenamiento magnético, así como cualquier otro dispositivo o medio que permita la transmisión o almacenamiento de datos. El proceso de transferencia física de diversos medios,

como periódicos, revistas, fotografías, CD y memorias USB, está contemplado en el presente conjunto de directrices. Debe notarse que la información se considera un componente esencial en la comunicación, siempre y cuando el mensaje transmitido no sólo tenga sentido para el receptor, sino que induzca un cambio duradero o transitorio en la actitud de dicho sujeto.

2. Como comunicación social. En este caso, se podría expresar de la siguiente manera: "En este contexto, el enfoque principal radica no en la dimensión material, sino en los procesos cognitivos requeridos para transmitir la información hacia los destinatarios adecuados." A través del proceso de comunicación social se difunde el producto de la acción humana. Desde sus orígenes, ha facilitado la transferencia de nociones, reflexiones y vivencias, así como también los

inconvenientes, exigencias y anhelos de la humanidad.

"Con el fin de lograr una comunicación eficaz tanto interna como externa en la organización, resulta necesario que se cumplan los siguientes requisitos:".

• Abierta. Su propósito consiste en establecer una comunicación efectiva con el entorno, refiriéndose así al principal medio que la organización emplea para transmitir mensajes tanto a su audiencia interna como externa.

• Evolutiva. Destaca la importancia de la comunicación espontánea que surge en el entorno de una organización.

• Flexible. Facilita una pronta y efectiva comunicación entre los registros formales y los coloquiales.

• Multidireccional. La comunicación se establecerá en una dinámica de doble dirección, vertical y horizontal, que incluirá tanto los canales internos como externos de la organización.

• **Instrumentada.** Emplea herramientas, recursos y dispositivos pertinentes, ya que actualmente, diversas organizaciones presentan falencias operativas debido a la inadecuada circulación de información en su seno, así como la falta de estructuras apropiadas que garanticen la efectividad de la comunicación interna.

La evolución de la comunicación y su impacto.

Cada vez que se ha producido un aumento significativo en el tráfico de comunicaciones, ha culminado rápidamente en un cambio de civilización. La actual proliferación de la comunicación es la más amplia que se haya registrado hasta la fecha. El cambio cultural que puede producir será sin duda el más significativo de todos y ocurrirá a un ritmo acelerado. En efecto, su ejecución ya se encuentra en curso y se concluirá en el transcurso de la próxima década.

La revolución de las comunicaciones traerá consigo profundas transformaciones culturales, sociales, políticas y económicas. De este modo, todas las entidades sociales tendrán que experimentar una transformación a fin de alinear de manera pertinente la actividad. La intensificación de la comunicación ha sido propiciada por la irrupción de la tecnología más avanzada, que ha logrado derribar barreras que hace tan solo unos años parecían infranqueables.

Es patente que el desarrollo de la civilización ha sido impulsado por el avance de la comunicación en todo el mundo mediante sus dos vertientes de progreso: los descubrimientos físicos e intelectuales que posibilitan la interacción entre individuos.

Los avances físicos aluden a las tecnologías y las invenciones que han transformado radicalmente el traslado físico de individuos en lapsos reducidos, fomentando así una comunicación interpersonal sumamente positiva. De esta forma se encuentran presentes la rueda, las embarcaciones, el timón de popa, la brújula, el ferrocarril, el aeroplano, el automóvil, los trenes de alta velocidad, los reactores y la lanzadera espacial, entre otros.

Se consideran avances intelectuales aquellos inventos innovadores que revolucionaron el progreso y la difusión del conocimiento humano, permitiendo una mayor accesibilidad y transmisión de ideas a través de comunicación oral o escrita. "Como ilustración, podemos mencionar la escritura, la impresión, la fotografía, la comunicación telegráfica, la radiodifusión, la televisión, la computación, la transmisión telefónica, el vídeo, la telefonía móvil, la conexión a internet, entre otros".

Se puede afirmar que la comunicación impulsa el desarrollo del conocimiento, fomentando una atmósfera de competitividad.

El avance de la humanidad y sus civilizaciones se ha basado en la ampliación de la comunicación física e intelectual, lo que ha dado como resultado la fusión de razas, ideas, conceptos, culturas y civilizaciones. Esta fusión ha engendrado emulsiones de ideas y conceptos innovadores que, al implementarse, han facilitado saltos significativos en el progreso de la humanidad.

Así, la comunicación ha funcionado y sigue funcionando como dinamizadora y facilitadora del conocimiento, impulsando la globalización de nuevas perspectivas y conceptos que ha potenciado y seguirá potenciando la competitividad y las ventajas comparativas entre civilizaciones, naciones y organizaciones empresariales en el ámbito económico.

La historia de la humanidad y sus civilizaciones nos instruye sobre el significado y la correlación entre la comunicación física e intelectual entre los individuos, lo que potencia exponencialmente su progreso en el conocimiento y, en consecuencia, su calidad de vida.

La concreción de las condiciones necesarias para la implementación de un cambio cultural podría tener lugar con antelación al año 2025 y será el desenlace de la actual revolución comunicacional en la que estamos siendo partícipes.

La magnitud de esos cambios es directamente proporcional al aumento de la comunicación, por lo que un aumento significativo de la comunicación redundará en una notable transformación cultural. Dado que la revolución en las comunicaciones se encuentra actualmente en un estado acelerado de evolución, su correspondiente efecto cultural deberá manifestarse de manera igualmente rápida.

La profundidad de la asimilación de dicho cambio cultural dependerá de la cultura arraigada y el contexto socioeconómico de cada uno, de modo que el medio cultural y económico puede facilitar o impedir la transformación.

Deberemos tomar en cuenta que las culturas autóctonas de las zonas en vías de desarrollo experimentarán una evolución más pausada. En el caso de las culturas que son menos flexibles y cambiantes, las posibilidades de transformación se ven aún más disminuidas.

Posteriormente, se presenta la posibilidad de que surjan tensiones internacionales significativas entre las diversas zonas culturales. Es imperativo fomentar culturas que promuevan cambios y, al mismo tiempo, ayuden a su asimilación.

El surgimiento de redes globales de comunicación y tecnologías de la información ha redefinido la noción de educación en todos los dominios. Dentro del ámbito de la ingeniería se avizora una nueva corriente educativa que concede primacía al fomento de habilidades de índole genérica, entre las que sobresalen la destreza para comunicarse con eficacia, tanto oral como escrita, la aptitud para funcionar interdisciplinariamente en el proceso de toma de decisiones y la resolución de problemas, el ênfasis en el trabajo en equipo y la capacidad de inmersión en un aprendizaje continuo. La interacción entre la comunicación, el aprendizaje y la formación es un factor fundamental en la configuración del perfil de un individuo en el nuevo siglo.

La Incentivación Y Administración Del Potencial Humano

Su perspectiva en relación a los individuos que están empleados bajo su supervisión.

¿Te encuentras en un entorno donde tus colegas cumplen con su horario laboral de ocho horas y después se marchan? ¿Tiene la impresión de que cuando solicita algo fuera de lo habitual, se encuentra en una situación en la que se le pide un favor extraordinario? ¿No tienen objeciones en solicitar una revisión salarial mientras su desempeño se limita a lo mínimo exigible?

En nuestra cultura, es común la tendencia de evadir responsabilidades cuando nos encontramos en una situación desfavorable. Esto sugiere que, previamente, no hemos tendido a asumir nuestra responsabilidad correspondiente. Nuestra habilidad para atribuir la responsabilidad de nuestras circunstancias a factores externos, como nuestro entorno, compañeros, crisis o pandemias, es evidente. No obstante, no estoy insinuando que estos aspectos no influyan en su posición actual, ya que seguramente lo hagan. No obstante, existe una opción constante a tu alcance que es la elección de la postura adoptada. Confío en que hasta aquí todo haya quedado claro...

Cuando un empleado no cumple adecuadamente con sus responsabilidades laborales, puede resultar tentador reaccionar con enojo, reprochar su desempeño o incluso humillarlo mediante el empleo de un tono elevado de voz en presencia de otros colegas. No estoy segura si la lectura de este texto será una sorpresa para ti o no. Es posible que puedas considerarlo como algo que se encuentra dentro de los parámetros de tu visión de "lo habitual"; sin embargo, suceder así no es una situación ética o adecuada en sí misma. Indudablemente, estas prácticas aún prevalecen en una mayor medida de lo que se puede percibir. No obstante, resulta evidente que, cuando se llevan a cabo, se propicia un ambiente perjudicial. Además, dichas acciones conllevan una serie de consecuencias desfavorables que posiblemente no serán de tu agrado, tales como la falta de motivación, escaso compromiso, respuesta poco cortés, clima de tensión, baja eficiencia, y ausentismo. ¿Te resultan familiares? Si ese es el caso, sería recomendable que tomaras la iniciativa para implementar cambios, dado que es muy probable que hayas sido precisamente tú quien haya desencadenado esta situación que resulta desfavorable para usted. Afortunadamente, usted está presente para emprender cambios significativos, y no hay mejor punto de partida que la realización de una transformación personal.

La cuestión de fondo" o "El problema fundamental

Comprendo que he abordado el tema con una estrategia que pudiera resultar inapropiada y, por lo tanto, ofrezco mis sinceras disculpas al respecto. Pero piénsalo bien. ¿Opina usted que al modificar su enfoque en la forma de interactuar con ellos, podría observar una transformación en su comportamiento? Indudablemente, efectivamente. De hecho, te sugeriría que te pongas en la situación de la otra persona e imagines las dificultades de tener que soportar a un superior como tú y, además, tener que lidiar con ello día a día a lo largo de toda la jornada laboral. Dependiendo de tus actitudes y comportamientos, puede que esta tarea resulte extremadamente difícil, por lo tanto, es importante adelantarte que es posible que no sea fácil para ti.

Permíteme presentarlo desde una perspectiva alternativa. Si el objetivo principal de su empresa es generar ganancias y todos los demás factores son secundarios, entonces existe un problema fundamental.

Resulta evidente que su empresa no posee una finalidad filantrópica, sino que necesita generar una cantidad adecuada de ingresos para solventar sus costos fijos y variables. Sin embargo, es importante tener en cuenta que las finanzas no representan el valor primordial de su negocio. Por favor, abstente de mostrar esa expresión facial, ya que ese es el estado actual. Permitame plantear una pregunta: ¿Ha contemplado lo que podría ser de mayor importancia en su lista de prioridades, por encima incluso de la cuestión económica? Las personas. No debe existir jamás la duda de que las personas son siempre la prioridad máxima, ya sean miembros del ámbito interno de la empresa o del externo. El éxito de su organización depende en gran medida de la contribución de estas personas, ya sea en términos de adquisición de servicios o productos, o de mantenimiento adecuado de la maquinaria. Estas damas son elementos claves que conforman el todo. Sin individuos, puede poseer cualquier empresa de su elección, pero carecería de un propósito significativo y, en última instancia, demostraría ser completamente estéril. Por ende, si no está otorgando prioridad a los aspectos críticos, es comprensible que los resultados obtenidos no satisfagan sus expectativas.

Además, es importante destacar que satisfacer a los trabajadores no siempre puede lograrse únicamente a través de la provisión de compensaciones financieras. En efecto, estoy aludiendo al concepto del salario emocional. Sin embargo, sobre este tema abordaremos más adelante. Paciencia.

La administración temporal

Comprendo que dedicas tu jornada a la atención de emergencias y asistencia en situaciones críticas, involucrándote en una tarea extenuante que requiere de tu esfuerzo constante. Tu dedicación es tal que estás dispuesto a prolongar tu tiempo laboral hasta 16 horas, si es necesario. Ha demostrado una inmensa dedicación a la causa y ha realizado numerosos sacrificios para asegurar su progreso. Sin embargo, es evidente que tales sacrificios han hecho mella en su bienestar y seguridad, que son de suma importancia. En algún momento, será necesario que ceses. Y entonces, ¿qué harás?

Los individuos que colaboran en tu entorno laboral están disponibles para asistirte en la administración de tus responsabilidades, para llevar a cabo labores, y además, disponen de su disposición para colaborar contigo en cualquier necesidad que requieras y que estés dispuesto a permitirles. ¿Has brindado a ellos la oportunidad de llevar a cabo dicha tarea? ¿Con qué frecuencia sostiene usted reuniones de coordinación en un mes determinado? ¿Poseen conocimiento acerca de los objetivos de corto y medio plazo? Además, ¿posee una comprensión clara de ellos? Entiendo que los objetivos a corto plazo pueden ser considerados, pero ¿podría usted por favor hablar acerca de los objetivos a largo plazo y de la misión de la empresa? ¿Ya la has considerado? ¿La ha compartido usted previamente con alguien? ¿Sí? ¿Seguro?

En todo caso, si no logra delegar adecuadamente, su disponibilidad de tiempo se verá severamente limitada y la eficacia en la atención de las personas clave en el engranaje corporativo se verá comprometida perpetuamente, resultando en la necesidad perpetua de apagar innumerables situaciones emergentes. Establezca canales efectivos de comunicación que promuevan el diálogo, prestando atención y considerando las propuestas de los demás, brindando información oportuna sobre el estado de las cosas y los objetivos a cumplir en la semana siguiente, entre otros aspectos relevantes. Se puede fomentar un mayor sentido de pertenencia y compromiso entre los empleados cuando perciben que sus aportes son valorados, potenciando así su identificación con la organización. Sin embargo, si no dedicas un tiempo adecuado a aquellos que te rodean, ¿cómo podrás disponer del tiempo y la energía suficientes para contemplar y alcanzar tus metas y aspiraciones a futuro?

¿No te encuentras fatigado por realizar actividades de manera constante sin un rumbo determinado? Prócedase, por favor, a dar un par de giros adicionales.

El perfil del empleado.

Conforme hemos advertido, es de suma relevancia contar con compañías apropiadas, con miras a garantizar un desempeño óptimo, o incluso sobrepasar tal expectativa. En consecuencia, resulta apropiado considerar ciertos elementos en todo momento en el que sea necesario incorporar a un nuevo miembro. Sin embargo, ¿podría por favor brindarme una visión más precisa de los hechos? La mayoría de los propietarios de pequeñas y medianas empresas suelen seleccionar candidatos ejecutivos en función de sus habilidades técnicas para realizar contrataciones eficaces. No obstante, este enfoque resulta equivocado. Al menos, no es completamente aplicable a la realidad actual.

En primer lugar, es necesario tener en cuenta el perfil del individuo que se incorpora a la empresa. Es importante tener en consideración que estarás coexistiendo con ella durante gran parte del día, por lo que sería ventajoso que ambos estuvieran en sintonía. Por consiguiente, sugiero que procures conocerla durante el procedimiento de selección y determines si es adecuada para ti o no. ¿Acaso no posee las competencias técnicas requeridas? Pues tampoco es tan grave; ya las aprenderá en tu empresa, ¿no te parece? No se recomienda asumir que la productividad en el desempeño del nuevo puesto se iniciará a prontitud, aun si posee una gran trayectoria en el campo. Se requerirá un tiempo prudencial para lograr la adaptación adecuada. Por consiguiente, si nos comprometemos a dedicar nuestro tiempo, sería más prudente hacerlo con una persona cuyo perfil se adapte a la perfección con la dinámica del conjunto, ¿no considera usted?

En definitiva, es necesario que sean algo más que meros autómatas en el cumplimiento de sus tareas. Si los tratas de manera inconsiderada, es probable que se desconecten por completo una vez que finalice su jornada, y pierdan interés en su trabajo.

Tanto das, tanto recibes.

El sentido de la responsabilidad

Me gustaría reiterar la importancia del concepto de responsabilidad en este contexto. Anteriormente, he expresado que en nuestra nación existe una práctica común en la cual evadimos responsabilidades, atribuyéndolas a causas ajenas a nuestro propio desempeño. Desde temprana edad, se ha observado que algunas personas justifican sus fracasos o adversidades de manera inadecuada y simplista. Por ejemplo, culpando a un profesor de tener prejuicios o a compañeros de clase de ser incompatibles, o atribuyendo una ruptura sentimental a la falta de claridad de la pareja. Esta actitud puede resultar limitante y contraproducente en el desarrollo personal. Transcurren los años de nuestra existencia mientras evitamos asumir la responsabilidad de los sucesos que acaecen.

No debemos asumir su efectividad sin cuestionarla, ya que se presume que nos resguarda emocionalmente, pero puede derivar en victimización. Sí, en víctimas. Ya que somos afectados por las consecuencias de las imprudencias ajenas, nos vemos obstaculizados en nuestro intento por hallar una resolución. La persona que ha sufrido el daño se considera víctima, ya que no puede tomar ninguna medida en la situación dada. Sin embargo, debe señalarse que tu condición de víctima no es más que el resultado de una elección personal que puede ser modificada mediante una actitud adecuada. En otras palabras, adoptar una perspectiva responsable implica reconocer que cualquier fracaso puede estar relacionado con nuestra falta de esfuerzo o comportamiento inadecuado, como no dedicar suficiente tiempo o esfuerzo al estudio, no actuar de manera adecuada con nuestros compañeros de trabajo o no mantener una comunicación saludable con nuestra pareja. Al hacerlo, tendremos una perspectiva más clara y seremos capaces de tomar medidas proactivas para mejorar nuestra situación. Ya no se encuentra en condición de ser considerado víctima, sino que ha adquirido la responsabilidad consiguiente, otorgándole simultáneamente el poder de transformar las circunstancias.

¿Acaso no le resulta desfavorable la situación en la que se encuentra? Por ende, le sugiero considerar alternativas para modificar dicha situación. Cuáles serían las acciones que corresponden para emprender el camino que consideras apropiado? ¿Cuál es el obstáculo que te está impidiendo llevar a cabo dicha acción? Adelante, no tengas miedo. Asumir la responsabilidad no solo fortalece tu carácter, sino que también te confiere la capacidad de tomar decisiones con mayor autoridad.

Comprendo que la tarea de asimilar esto puede ser sumamente desafiante. Es posible que se sienta un cierto grado de aversión hacia la totalidad o gran parte del contenido expuesto. Sin embargo, permítame expresar mis felicitaciones por haber llegado hasta esta etapa. De verdad. Quizás aún no has alcanzado el nivel de liderazgo que aspiras, sin embargo, es evidente que has realizado una elección consciente. ¿Desea usted una mayor participación de sus empleados en el desempeño de sus labores? Entonces, otorgueles la oportunidad de involucrarse activamente en el asunto en cuestión.

Creación De Sentido

La elección de juzgar en lugar de buscar la comprensión es lo que nos priva de la tranquilidad.

Un curso de milagros

Juzgar impide conocer, y hay una investigación muy particular que de cierta manera expresa esto. En primer lugar, deseo destacar que la actividad investigativa en sí conlleva una oportunidad de descubrimiento, no obstante, me permito referirme específicamente a una pesquisa datada en el año 1967, la cual, aunque transcurrido cierto lapso temporal desde su realización, considero, indudablemente, que se cuenta entre las investigaciones de mayor trascendencia para el progreso del ser humano.

En esa investigación, un equipo de investigadores que incluía a Eugene Gendlin, reconocido por su desarrollo del enfoque Focusing, grabó, transcribió y analizó una multitud de conversaciones entre personas que asistían a diversas formas de psicoterapia. El equipo buscó descubrir una pregunta fundamental: ¿cuál es el hilo común entre las personas que logran con éxito un cambio personal transformador, independientemente de la modalidad terapéutica o el tratamiento profesional? ¿Cómo logran esos cambios? Resulta de suma importancia recalcar que el objetivo de la investigación no se centraba en analizar el impacto de una terapia específica en los pacientes, sino que se perseguía la detección de algún indicio en la interacción verbal que posibilitara la identificación del momento en que se produce un cambio en la persona. Por lo tanto, el enfoque se centraba en la persona y no en la terapia o el terapeuta. Se les solicita tener presente la terapia enfocada en el individuo.

Fue descubierto que aquellos individuos que lograron realizar transformaciones exitosas en su personalidad y en su vida, con el objetivo de experimentar una mayor coherencia interna, eficacia, auto-respeto y, consiguientemente, madurez, poseían la capacidad de concentrarse con gran destreza. Es decir, dedicar un tiempo para seleccionar las expresiones adecuadas que reflejen la vivencia experimentada.

En una comunicación hablada, llega un momento en que se produce una pausa reflexiva en la que el interlocutor voltea su mirada hacia un costado mientras que su atención se enfoca en su mundo interior. En esta fase, suele emitirse un sonido resonante de vocalización inconsciente, al tiempo que se toma un tiempo para seleccionar apropiadamente las palabras que se utilizarán. Al mismo tiempo, estamos accediendo a una experiencia profundamente sentida pero aún no expresada en el lenguaje. Se trata de una situación en la que se expresa cierta incertidumbre o inquietud, caracterizada por una sensación de desconcierto o incomodidad. Actualmente, no he logrado discernir si se trata específicamente de temor, no obstante, la sensación que experimento resulta incómoda y difícil de precisar, tal vez pueda describirse como...

Posteriormente se llegó a descubrir que los pacientes que se enfocaban internamente con mayor frecuencia obtenían logros terapéuticos significativamente mayores en comparación con aquellos que no lo hacían. Después de realizar este estudio, de hecho, se realizó otro estudio con 50 casos. Esta vez, las predicciones fueron precisas al discernir qué pacientes lograrían transformaciones significativas en sus vidas y cuáles no. Un enfoque potencial implica pronosticar el curso terapéutico óptimo y rápido para los pacientes en función de la presencia o ausencia de estos momentos de focalización interna. El resultado fue que pudieron pronosticar con éxito la transformación personal.

Consideremos también las ramificaciones que surgen de este estudio con respecto a individuos que poseen una habilidad emocional específica, lo que les permite beneficiarse del tratamiento terapéutico, sin importar las etiquetas o diagnósticos previos como "pacientes difíciles", "resistentes" o "altamente neuróticos". Además, cabe destacar la trascendencia de dicha investigación, la cual no se llevó a cabo con el propósito específico de analizar algún tipo de terapia en concreto, tal y como podría ser el caso de la terapia cognitivo-conductual. Conducción de análisis psicológico y determinación del enfoque más apropiado. Aunque esos estudios también están presentes en la literatura científica. El objeto de estudio que se observaba en esta investigación era la capacidad de inteligencia emocional que permitía que una persona pudiera realizar cambios personales durante una conversación terapéutica.

Dicha habilidad constituía una competencia intrínseca del individuo en cuestión. De hecho, si consideramos que estas discusiones tuvieron lugar en un entorno terapéutico, es concebible que tales momentos de autorreflexión dentro de la conversación puedan haber sido más habilitados, respetados y, por lo tanto, facilitados que en otras formas de discurso. Resulta plausible que esto acontezca, ya que el ámbito terapéutico constituye en última instancia un espacio propicio para la atención y la reflexión. A pesar de tratarse en última instancia de diálogos. Por lo tanto, esta destreza se manifestaba de manera más recurrente y sencilla en ciertas personas en comparación con otras.

La presente investigación concluye con la siguiente afirmación:

La capacidad de concentrarse directamente en las experiencias sentidas preverbales y convertirlas en palabras, respuestas atentas o acciones concretas parece ser una habilidad crucial en la psicoterapia, el desarrollo de la personalidad y las actividades creativas. [8]

Eugene Gendlin, a través de su investigación, desarrolló posteriormente Focusing o Body Listening como un método que ayuda en el proceso de experiencia corporal, promoviendo así la transformación personal. Gendlin destacó en seis fases el procedimiento espontáneo de generación de significado, y fue capaz de impartir su enseñanza a aquellos individuos que experimentaban sensaciones problemáticas, angustiantes y precisaban de asistencia.

Priorice a su audiencia antes de comenzar según el Protocolo '63. El espacio comunica

Cada uno de nosotros ha experimentado estar ubicado de manera inadecuada en ciertas situaciones. Hemos asistido a una ceremonia nupcial en la cual los cónyuges nos han asignado a una mesa junto con otros comensales con los cuales no guardamos relación alguna. Nos disponemos a compartir una cena en compañía de conocidos, y se acostumbra que los miembros de las parejas se disgreguen en grupos segregados por género, o bien por el orden de arribo, una modalidad quizás poco efectiva.

Durante el primer año de nuestra carrera, contábamos con el profesionalismo del profesor José Carlos García Fajardo, quien en la temporada primaveral nos conducía a impartir clases en las áreas verdes del recinto educativo. A nuestro parecer, aquello era lo más adecuado. Lo más contemporáneo, avanzado y en tendencia. La asignatura que se impartía era Historia de las ideas políticas, lo que la convertía en un ámbito de mayor interacción que si fuese Mecánica cuántica avanzada. Es curioso destacar que la asignatura mencionada constituyó mi primera experiencia docente en la facultad tras mi integración como profesor. Además de tomar nota, también obtuve información adicional del profesor. Fajardo expone algunas de sus ideas. Como la del césped. Ocasionalmente, realizamos nuestras clases en un extenso círculo en el césped del campus, lo cual genera una experiencia única dada la diferencia en el espacio y la interacción que se establece. La disposición espacial de las personas influye en la naturaleza y calidad de la comunicación que ocurre en dicho entorno. Únicamente se utilizan nuestras instalaciones para impartir clases expositivas.

Preconice la audiencia antes de iniciar la exposición. Todo individuo posee su lugar asignado, toda acción sigue un protocolo determinado, y todo espacio cumple con una función específica. Si el arreglo actual no le conviene, absténgase de comenzar su presentación. "Realice las modificaciones necesarias hasta lograr adecuarla eficazmente a su propósito". Solicite el acercamiento de los presentes a las filas delanteras, reorganice los elementos en las mesas o la disposición de las sillas. Pero use el protocolo. Con el fin de que el entorno facilite la transmisión de su mensaje.

La distancia media. Utilización de habilidades comunicativas en entornos de grupo con el fin de lograr la adquisición de nuevos clientes.

"Diferénciate: Comparte tu experiencia". (lo mismo en un tono más formal) Esta es la única experiencia que podrá relatar de manera distintiva en comparación con la narración de los demás.

La democratización del conocimiento ha sido un proceso que ha tenido lugar en nuestra sociedad. La totalidad de los recursos necesarios se encuentran en el vasto universo de información que es Google, en Internet y en las amplias colecciones existentes en las bibliotecas. En el presente día, es factible para todos obtener una conexión fácil, precisa y sin costo alguno a la mayoría de los conocimientos reunidos por la sociedad humana. Desde la génesis del Universo hasta la elaboración de dispositivos explosivos de naturaleza doméstica. Todo.

Tenía que sobrevivir. El presente título corresponde al obra literaria de Roberto Canessa y Pablo Vierci, la cual relata la experiencia vivida por un grupo de jóvenes jugadores de rugby uruguayos que, en el año 1972, lograron sobrevivir durante un período de 72 días tras un trágico accidente aéreo acontecido durante su travesía hacia Chile, y que tuvo lugar en las imponentes cumbres de la cordillera de los Andes. Para sobrevivir, entre otras muchas medidas, debían recurrir a consumir la carne de sus compañeros fallecidos. Canessa explica que esa experiencia le sirvió como inspiración para dedicar el resto de su vida a la tarea de preservar y proteger la vida humana. Ha logrado este éxito a través de su dedicación a abordar la problemática de la cardiopatía infantil. De manera similar a los hallazgos del psiquiatra Viktor Frankl en los campos de concentración nazis, se observó que aquellos que podían atribuir significado a sus vidas eran los que tenían más probabilidades de perdurar. En mi perspectiva, lo más cautivador de la vivencia andina radica en que es relatada de forma directa por sus protagonistas, un grupo de dieciséis individuos, quienes la han divulgado mediante un sinfín de artículos, entrevistas, conferencias, textos literarios y obras audiovisuales.

Comparta su experiencia. Esa es la única característica que lo distingue de los demás. Los logros alcanzados, los conocimientos adquiridos y los objetivos por alcanzar. Procure explorar un enfoque personal, atractivo y pertinente. Desarrolle su presentación a partir de su experiencia, centrándose en una perspectiva singular que lo diferencie. Los demás carecen de la capacidad para realizarlo.

Babel y la praxis comunicativa

En la Biblia Cristiana, específicamente en Génesis 11:1-9, se narra una leyenda o mito conocido como la Torre de Babel, el cual se utiliza comúnmente para ilustrar el paradigma o modelo de la comunicación. Deseo referirme de manera breve a este relato.

Existe la presunción de que, como toda leyenda, tiene sus raíces en un hecho real, aunque modificado por el fenómeno comúnmente conocido como el 'juego del teléfono', con el que supongo que está familiarizado. Sin embargo, en este contexto se adquieren dimensiones sociohistóricas relevantes.

Según la tradición, tras el diluvio, solo Moisés junto a los siete miembros de su familia lograron sobrevivir y poblar nuevamente la Tierra, hasta formar una gran comunidad que compartía el mismo idioma.

Según la leyenda, dado que todos los individuos se comunicaban en el mismo idioma, consensuaron tomar medidas para salvaguardarse ante una eventual inundación. Para ello acordaron construir una torre que les permitiera protegerse de la crecida de las aguas. Algunas personas afirman, como suele ocurrir con las leyendas, que la torre fue construida para alcanzar los cielos.

Aquí, Babel presenta una narrativa alternativa, con diferentes eventos y una perspectiva distinta sobre la comunicación. Es cierto que la gente compartía un lenguaje común, lo que les permitía conversar y contar sus recuerdos del pasado diluvio. Sin duda, deben haber discutido la tragedia y la angustia que causó, particularmente porque la Biblia informa que solo sobrevivieron ocho personas. El miedo y el dolor resultantes de este evento fueron sin duda profundos.

La sagrada escritura indica que se reflexionó acerca de cómo anticiparse a una posible inundación y así prevenir la catástrofe, asegurando la protección y seguridad del pueblo. De esta manera, los individuos rememoraron su historia con el propósito de prever y anticiparse a los acontecimientos futuros, buscando garantizar su seguridad mediante la construcción de una obra arquitectónica única y sin precedentes: la majestuosa Torre de Babel.

La leyenda de Babel, nos habla de una Experiencia Pasada (EP), en este caso, el diluvio universal pasado; de una Necesidad (N) de seguridad y sobrevivencia; de una Previsión (PV) de un posible diluvio futuro; y de Planes (Pl) y Acciones (A) y Resultados (R) para garantizar que el desastre no se volviera a repetir (la construcción de la Torre de Babel). Incluso se refiere a los avances tecnológicos y las innovaciones en materia de construcción, como el desarrollo de ladrillos cocidos, que son necesarios para su implementación.

Por lo tanto, a modo de simplificación de este proceso particular, que comúnmente se conoce como la Praxis de Babel (P), se puede delinear de la siguiente manera: P = EP-N-PV-Pl-A-R.

Sin embargo, en términos generales y amplios, la praxis ha sido caracterizada únicamente por dos de sus componentes: la Teoría y la Práctica, también conocidos como Pensamiento y Acción. Sin embargo, como lo demuestra el ejemplo de Babel, la mera representación de Teoría y Práctica, o Pensamiento y Acción, socava la riqueza que encierran las praxis sociohistóricas.

¿Es acaso verdad que nuestros procesos mentales tienen el poder de influir en nuestras acciones de forma directa e inmediata? Nuestras acciones son guiadas por nuestros pensamientos, lo que nos conduce a la construcción de diversas estructuras tales como torres, edificios, organizaciones entre otras. así no más? Por supuesto que no. La caracterización de la praxis únicamente como combinación de teoría y práctica, un mero enredo de pensamiento y acción, se opone a la realidad pragmática, como tan elocuentemente expone Adolfo Sánchez Vázquez en su obra seminal 'Filosofía de la praxis'.

¿Implica esto que durante el desarrollo de la praxis de Babel no hubo intercambio de información? Indudablemente, sí ocurrió. La totalidad de dicha práctica se llevó a cabo a través de las estrategias de Comunicación implementadas. Si bien es cierto que Praxis da cuenta y abarca la comunicación, la comunicación no puede dar cuenta completamente de Praxis, particularmente dentro del contexto de los marcos y paradigmas analíticos que se han estudiado.

Conforme se ha expuesto previamente, el esquema de comunicación prescinde de la consideración de las polaridades complementarias que se presentan en diversas situaciones: expectativas y realizaciones, desafíos y soluciones, adversidades y superación, así como la interrelación del pasado, presente y futuro. Dichas confrontaciones engloban los aspectos relativos al por qué, para qué, cómo, cuándo, dónde, quiénes, entre otros. En el marco conceptual de las praxis, cada uno de ellos ostenta un carácter fundamental e imprescindible.

Al examinar un asunto bajo el prisma de un paradigma de comunicación convencional, debemos únicamente considerar tres interrogantes: el emisor, el mensaje y el receptor (EMR). En el modelo de comunicación actual que se presenta, solo se nos exige que abordemos cuatro consultas, a saber, el remitente, el mensaje, el destinatario y la acción (SMRA). Si estamos abordando el modelo de Comunicación Educativa, entonces solo necesitamos abordar seis aspectos: Emisor, Mensaje, Receptor, Acción, Resultado e Informes (SMRAOR).

Por lo tanto, es importante destacar que el enfoque clásico de la comunicación no se opone ni se encuentra al margen de las prácticas humanas, sino que se trata de otro enfoque válido. Sin embargo, es posible observar que este enfoque limita nuestra comprensión acerca de la comunicación humana, ya que ésta va mucho más allá de la simple emisión y recepción de mensajes. Además, es importante reconocer que la comunicación es un recurso fundamental para el desarrollo humano y sus prácticas.

Sin embargo, si nuestro objetivo es comprender las causas subyacentes de una acción que planeamos llevar a cabo para lograr un resultado deseado, y dicha acción implica una Comunicación Educativa, entonces se vuelve imprescindible responder una gran cantidad de cuestiones fundamentales incluidas en el modelo de praxis comunicativas, tales como: qué, por qué, para qué, quiénes, cuándo, dónde, y con qué recursos, entre otras. de la Comunicación Educativa.

EN LA PRAXIS DE BABEL.

Procedamos a tomar un receso mientras nos dedicamos a examinar algunas cuestiones relevantes derivadas del caso de la Torre de Babel.

En la presente leyenda o mito se observan mensajes sumamente relevantes para el progreso de la especie humana en su conjunto, específicamente en cuanto a la comunicación y su papel en los sistemas educativos. A continuación, se enumerarán algunos de dichos mensajes:

Una forma de reformular formalmente la declaración es: "El aspecto más importante es que todas las prácticas humanas implican un contenido práctico comunicativo. Por lo tanto, la comunicación no se limita únicamente al acto de hablar y recibir respuestas, sino que abarca una gama más amplia de intercambios". La comunicación efectiva trasciende inherentemente el ámbito de la práctica comunicativa.

Si definimos la comunicación como una praxis, entonces mantener una comunicación efectiva se convierte en un medio por el cual podemos satisfacer nuestras necesidades, resolver nuestros problemas y superar obstáculos a través de la colaboración y la cooperación entre nosotros. Esto nos permite desarrollarnos como una comunidad, una sociedad y, en última instancia, como una humanidad.

En otros términos, la finalidad y propósito de la comunicación se encamina hacia una acción venidera y sus efectos como contestación al presente o pasado; la cooperación y colaboración mutua posibilita la constitución de una comunidad, sociedad y Humanidad.

A partir de ello, es posible afirmar que la comunicación constituye un proceso que propicia la construcción tanto de una comunidad como del ser humano en su condición de tal (Según el paradigma Hawass). Este constituye el primer y significativo aprendizaje. El ser humano es un animal comunicativo, o más precisamente, práctico.

En el caso ilustrativo de la Praxis de Babel, asimismo, se constituye una manifestación del principio de verificabilidad respecto a la actividad práctica: de no haberse alineado sus concepciones y expresiones con la verdad, hubiera sido inviable la consecución de la Torre de Babel, resultando imposible anticipar cuál hubiera sido el resultado. En este sentido, no se habría requerido la aparición divina en aquel sitio, dado que todo habría resultado ser una mera broma o charla intrascendente.

La instrucción o adquisición de conocimiento que se presenta en Babel implica inherentemente otra: la importancia de utilizar y fomentar un lenguaje común, a través del cual podemos comunicar nuestras observaciones, sensaciones, emociones, sentimientos, ideas, pensamientos y teorías, y ser entendidos por otros. Esta magna empresa abarca todo lo que sucede en nuestras vidas cotidianas, incluyendo aspectos personales, familiares, comunitarios, urbanos, rurales, sociales, económicos, políticos, científicos, tecnológicos, entre otros.

Una de las lecciones que se pueden derivar de lo anterior es el principio de cooperación. La capacidad de comunicarse efectivamente en un idioma común facilita la colaboración y la cohesión, pues la unificación conduce a la fortaleza. En tanto que todos pudieron alcanzar una comprensión mutua, comunicarse y colaborar en unidad, fueron capaces de llevar a cabo una obra de gran magnitud. Una vez que se produjo la interrupción de la comunicación, lo que impidió la comprensión mutua y frustró su capacidad para llegar a un acuerdo, cesó el esfuerzo de colaboración para construir el edificio, lo que resultó en su dispersión.

Es necesario observar que no solo se encontraban conversando respecto al entorno natural, sino también, ideando y materializando un plan, un proyecto, en sus mentes, hacia algo que aún no existía, y que deseaban concretar: La Torre, para lo cual crearon una técnica innovadora utilizando ladrillos cocidos. Esto nos lleva directamente al ámbito de la praxis como proceso transformador, no solo de la realidad externa que nos rodea, sino también de nuestro ser interno. A través del diálogo, nos transformamos en interlocutores; a través de la colección, nos convertimos en coleccionistas; a través de la construcción, nos convertimos en constructores; a través de la empresa, nos convertimos en empresarios, y así sucesivamente.

De ahí que de él se deriven otras enseñanzas y aprendizajes. En la narración, independientemente de su veracidad, y en ausencia de cualquier inclinación religiosa, se extrae una importante lección de estrategia humana: "Divide y vencerás". Al convertir el lenguaje entendible en un caos ininteligible, se produjo la imposibilidad de comunicación entre la gente, provocando una división que los impidió tomar acción colectiva, permitiendo que el poderoso prevaleciera sobre ellos.

Este hecho nos conduce a plantear la relevancia que tiene la deconstrucción de los paradigmas universales para aquellos implicados en el mismo, ya que la eliminación de dichos paradigmas puede proveer una amplia gama de perspectivas y, por consiguiente, acrecentar la eficacia de los esfuerzos en cuestión.

Además, el complemento de esa idea es que la unión de individuos o grupos con objetivos comunes es capaz de generar una fuerza más sólida y efectiva. Por lo tanto, es imprescindible destacar que la educación en el arte de la comunicación constituye un componente fundamental no solo para la promoción del humanismo y la democracia en el ámbito político, sino también en el seno de la vida familiar, la religión, el ámbito empresarial, y el comercio, entre otros ámbitos de la vida. Para el progreso de la humanidad.

Como habrás podido observar, el enfoque clásico de la Comunicación (EMR) y su versión ampliada (EMRA), así como los específicamente diseñados para la Comunicación Educativa (EMRAR' y EMRAR'I), son enfoques cerrados que no logran solicitarnos una descripción integral y sistemática de las causas subyacentes, objetivos y efectos de la comunicación en entornos generales y educativos. Debido a dicha premisa, adopté la perspectiva de las Praxis Comunicativas, particularmente las relacionadas con la Comunicación Educativa.

No continuaré explorando este tema en detalle, ya que considero que debería abordarse en un volumen especializado dedicado exclusivamente a la praxis.

Los Beneficios De Exponer Su Discurso En

El objetivo de toda comunicación es transmitir de manera efectiva un mensaje específico al destinatario deseado, asegurando que el mensaje deseado sea recibido y comprendido. No obstante, teniendo en cuenta tal propósito, se requiere que la persona tenga una conciencia clara acerca de que comunicar la información de manera precisamente clara resultaría más provechoso que extender su presentación de manera innecesariamente prolongada.

Las ventajas

La mayor parte de las personas carecen del tiempo suficiente para detenerse adecuadamente y otorgarle la atención debida a lo que se está comunicando. De esta forma, cuando se aviste la ocasión, es conveniente aprovecharla de manera eficaz y precisa a fin de obtener el máximo beneficio.

Esta afirmación es particularmente válida para aquellos profesionales que se desempeñan en las áreas de comercialización y ventas. El establecimiento de una comunicación efectiva con los potenciales clientes es fundamental para despertar su interés y concretar una venta exitosa. En consecuencia, resulta fundamental adquirir destreza en el arte de la comunicación con exactitud.

Se recomienda enfáticamente que se dedique el mayor tiempo posible a la reflexión rigurosa sobre la oración inicial en cada ocasión propicia. La captación y retención de la atención del oyente dependen en gran medida de la información y el estilo de la oración inicial que utilice el presentador, ya que representa su única oportunidad para lograr tal objetivo. En caso de que la introducción de la conversación no genere interés, resultará sumamente difícil mantener la atención del receptor en un lapso prolongado.

Finalizando

En adición al propósito de atraer y retener la atención del interlocutor, existen otros beneficios derivados de una práctica de comunicación concisa, como lo es la habilidad del individuo para expresarse objetivamente y evitar digresiones innecesarias. La mayor parte de los receptores valoran los estilos de comunicación que son abundantes en información y datos. Gran parte de la información de carácter comunicativo que capta el interés se enfoca en dichos elementos fundamentales, tal fenómeno es particularmente recurrente en los mensajes publicitarios, que se caracterizan por una naturaleza efímera y limitada temporalmente.

1.4.- El papel de la cultura en la sociedad postindustrial.

La cultura que emerge dentro de la sociedad posindustrial se caracteriza por una forma de vida que abarca comportamientos, actitudes, pensamientos, emociones y deseos, todos los cuales están moldeados por los cambios sociales, económicos y políticos que han ocurrido en el ámbito industrial. Este estilo de vida incorpora abundancia, evolución y distancia de la cultura moderna". Alternativamente: "Esta forma de vida abarca una plétora de elementos que han evolucionado con el tiempo, creando una distancia tangible de la cultura moderna. Los valores que prevalecen son el individualismo, el nihilismo cognoscitivo y el esteticismo, los cuales se manifiestan a través de diversas conductas y actitudes.

Según el análisis de Lipovetsky (2003), la manifestación de la cultura posmoderna es el resultado de una sinergia entre organizaciones, significados, acciones y valores, que comenzó en la década de 1920 y desde entonces ha extendido su influencia más allá de la era de la Segunda Guerra

Mundial. De hecho, se puede rastrear el origen histórico de la cultura postmoderna hasta 1875. Toynbee fue el primero, desde el punto de vista histórico, en impartir al término "posmoderno" una connotación científica (Brünner, 1998). De esta manera, se puede afirmar que la cultura posmoderna tuvo su inicio en 1875, no obstante, su evolución se vio fuertemente acelerada gracias a dos acontecimientos decisivos: la Primera Guerra Mundial y la Segunda Guerra Mundial.

Esta cultura sustituye el uso de la fuerza por medio de la comunicación, la rigidez moral por la búsqueda del disfrute, y lo impersonal por lo personalizado.

El proceso global de la cultura posmoderna resulta en un fenómeno de seducción que abarca y rige las relaciones interpersonales, el consumo, las organizaciones, la información, la educación y los hábitos. En este contexto, seducir se refiere al proceso de atraer y cautivar a través de la manipulación de la percepción visual y sensorial.

"La cultura posmoderna tiende a disminuir las relaciones autoritarias y aumentar las opciones privadas y las diferencias individuales". (Declaración original traducida al inglés formal) El fenómeno cultural posmoderno contemporáneo se caracteriza por su tendencia a reducir las instancias de relaciones autoritarias al mismo tiempo que promueve mayores oportunidades para la expresión privada y amplifica las variaciones individuales. Transforma a los sujetos mediante un proceso metódico de adaptación, basado en la multiplicación y diversificación del catálogo de bienes económicos, sociales y culturales, con el propósito de satisfacer las demandas individuales. En este sentido, las entidades empresariales se vuelven versátiles y receptivas.

El discurso adquiere un enfoque eufemístico y relajado, adecuado para el proceso de personalización que se centra en la realización personal, el respeto y la armonización de las diferencias individuales.

Los sistemas de significado prominentes son expulsados por una hiperinversión del Yo que construye sistemas de significado aparentemente humanos basados en el placer y la no estandarización. La confluencia de factores contribuye a la promoción de un individualismo psicológico, como afirma Lipovetsky (2003: 56). Así, se establece un ethos de masas.

Los individuos son atomizados y se despojan de significado las metas sociales. La cultura posmoderna da lugar al narcisismo patológico por la pérdida de valores y metas sociales, aunado al proceso de personalización. Existe una prevalencia de comportamientos narcisistas que surge de la fusión de una lógica social individualista hedonista y del mundo de los objetos y símbolos.

La consecuencia empírica de la cultura posmoderna se refleja en el aumento estadístico de los trastornos psicológicos narcisistas con intervenciones terapéuticas (Lipovetsky, 2003: 70). Los trastornos narcisistas no exhiben signos distintivos, sino que se distinguen por un malestar generalizado, ambiguo y difuso, acompañado de un sentido de vacío interior y una sensación de absurdo vital. Esto resulta en una disminución en la sensibilidad emocional hacia la realidad circundante. De este modo, se presenta una afección psicológica generalizada, aunque no se encuentra totalmente explícita.

Las personas tienden a disociarse emocionalmente, debido a los peligros inherentes a la falta de estabilidad en las relaciones interpersonales. Se erigen obstáculos a la expresión de las emociones y se ignoran las profundidades afectivas. Además, se produce una práctica del arte del disimulo que suplanta a la sinceridad.

De acuerdo con la exposición de Marcuse (1993: 39-42), la cultura de la sociedad posindustrial se apoya en mecanismos de creación, sustento y estimulación de necesidades cuyas tensiones se disuelven a través de la consumación de prácticas culturales. De esta manera, se observa un fortalecimiento de las necesidades requeridas. Las necesidades psicológicas fundamentales, descritas por Maslow, se impulsan a través de la manifestación y el cumplimiento de las necesidades de realización específicas que culminan en la satisfacción personal, como adquirir bienes materiales o participar en eventos conmemorativos nacionales.

Lo anterior se refiere a las 'falsas necesidades' (Marcuse: 1993: 35, 37, 54, 106 y 86-114). Los presentes mecanismos cumplen con una función de carácter represivo. El resultado es un estado de "servidumbre agradable" y "conciencia contenta". En resumen, se trata de una modulación de la libido en el contexto de la desublimación represiva. La repercusión emocional implica experimentar euforia dentro de la dolencia.

El procedimiento implica dar forma a la energía libidinal a través de la manipulación de las necesidades psicológicas fundamentales, las cuales se materializan en objetos de deseo, como por ejemplo la participación en una cena con amigos, la asistencia a una fiesta, o la toma de un café. Después de experimentar una sensación de satisfacción del objeto, la estructura instintiva del individuo se fusiona con el objeto, lo que da como resultado la necesidad de experimentarlo más, lo que hace que el organismo desarrolle un vínculo molecular con él.

El punto focal radica en la cultura patológica generada y en la desublimación del placer, comportamiento y conciencia social que la sustentan. En algunas situaciones, los individuos defienden el auto-flagelo de manera consciente, incluso llegando a interpretarlo como un medio para alcanzar la satisfacción. En otras situaciones, el sufrimiento que experimentan los individuos es aliviado mediante la obtención de emociones placenteras. De igual manera, existen acciones cuya naturaleza intrínseca resulta dolorosa o escasamente gratificante, al igual que hay otras acciones cuya ejecución puede desencadenar incomodidad o insatisfacción debido a la forma en que se perciben o experimentan. De esta manera, el individuo se esfuerza por lograr el equilibrio homeostático para evitar la manifestación completa de la enfermedad.

La cultura posmoderna proporciona a los individuos conductas que satisfacen parcialmente su inclinación hacia el placer. En cierta medida, este deseo queda insatisfecho, ya que también genera descontento por el carácter fugaz y transitorio del placer que proporciona. Son placeres superfluos y efímeros.

Como consecuencia, la cultura posmoderna amalgama fragmentos incómodos y placenteros que pueden no gratificar por completo a los individuos. El corolario implica un nivel profundamente arraigado de frustración, enmascarado y compeliendo a los individuos a perseguir incesantemente el placer no alcanzado mediante la búsqueda de comportamientos novedosos que proporcionen gratificación. Se trata de un ciclo perpetuo de vacío que se mantiene a través de un nivel de equilibrio homeostático suficiente para evitar la revelación total de la patología. Las gratificaciones respaldan una obra cinematográfica que simula una salud ficticia y embotan los estados mentales individuales disfuncionales.

Desigualdad Mental: Un Obstáculo Para La Comunicación Efectiva

Durante varios siglos, la capacidad mental del ser humano se ha destinado a producir brechas de desigualdad, desligarse del cosmos, inducirnos a creer que estamos desconectados del ambiente que nos rodea y a subyugarlo para considerarlo un objeto ajeno. La mente tiene una influencia significativa en nuestra conexión física no solo con nosotros mismos, sino también con el planeta y todos sus habitantes. Dentro de los confines de la especie humana, una sobreabundancia de capacidad mental ha resultado en desigualdad hasta el punto de engendrar guerras y matanzas, e incluso aceptar tales atrocidades como un lugar común.

En la actualidad, aunque algunos nos consideremos exentos de tales desigualdades, no somos conscientes de la continua categorización que la mente impone a otros seres vivos en nuestro día a día, en particular entre los individuos, a los que se etiqueta y trata de forma diferente en función de diversas factores, como la riqueza, la formación académica, el éxito, la apariencia física, la personalidad, la popularidad, el origen étnico, la religión y otros.

Los efectos derivados de lo manifestado anteriormente inciden primordialmente en nuestra persona, resultando en la complejidad de los diversos ámbitos de nuestra existencia. Esto engendra disputas y oposiciones, y socava el bienestar resultante de la aceptación sin restricción hacia nosotros mismos y hacia los demás. Si la psique continúa percibiéndose como inferior y persigue meramente métodos superficiales para lograr una sensación de superioridad, a través de la creación de divisiones, discriminación, juicios, alegaciones y censura, entonces será imposible alcanzar un estado de tranquilidad interna.

A menudo, las desigualdades arraigadas en la mente ocurren automáticamente, debido a nuestra recepción de información mental que nos infunde una percepción de normatividad hacia tales disparidades. Dicha información, por ejemplo, puede provenir de nuestros antepasados, familia, educación, amistades, así como influencias culturales, colectivas e incluso religiosas, y es posible que no se perciba conscientemente.

En tanto exista una barrera mental para aceptar plenamente la existencia y la naturaleza sensible del otro como su igual dentro de cada uno de nosotros, así como la continua concesión de preferencias y tratos excepcionales basados en su raza, origen socioeconómico, religión, estatus académico o de trabajo, reconocimiento social, o inclinaciones personales, estaremos privados de la felicidad completa. En consecuencia, nos veremos condenados, no solo a nosotros mismos, a generar más sufrimiento y dolor, sino también al resto del mundo.

La medida inicial para mejorar esta condición es reconocer y aceptar las desigualdades que creamos dentro de nuestra psique, tanto de manera integral como contextual, lo que naturalmente provocará un cambio significativo que nos permitirá experimentar una sensación de bienestar inmediato y, por lo tanto, desatando en gran medida nuestro potencial telepático.

Dentro de nosotros existe un ferviente deseo de perdonar, renunciar y liberar todo lo que no consideremos necesario retener dentro de nosotros mismos. Al hacerlo, aspiramos a caminar con ligereza en nuestro viaje por delante. Resulta prácticamente imposible reestablecer la comunicación telepática con uno mismo y con los demás seres vivos sin adoptar un enfoque diferente. Deseamos tener la capacidad de reconocer que la inquietud experimentada hacia los demás es una cuestión personal. Con certeza, se esconde algo que requiere descubrimiento y solución, en razón de su impacto sobre nosotros mismos.

Por tanto, ante cualquier molestia que podamos experimentar con respecto a alguna característica de una persona, este método nos permitirá considerarla como una posibilidad de perfeccionamiento en lugar de tratar de distanciarnos, sofocar nuestros sentimientos de malestar, o aletargarnos y aislarnos de la situación con el fin de evitar la incomodidad que pueda generarnos. Eventualmente, si no se aborda de manera adecuada, ese estado de molestia puede manifestarse en diversos ámbitos de nuestra existencia, produciendo impactos negativos significativos que se constituyen como los principales impedimentos para la recepción consciente y clara de información telepática.

Mayor resolución, mejoría en la calidad de vida y ampliación de oportunidades para comunicarse mediante telepatía.

En qué medida la mente reacciona cuando nos enfrentamos a situaciones desafiantes? La influencia de las emociones en la intensificación del conflicto.

A lo largo de su vida, usted ha mantenido numerosos debates y diálogos con individuos diversos. Indistintamente de la serenidad de su personalidad, en ocasiones es probable que entable alguna discusión con su pareja, algún miembro de su familia, algún conocido, o algún desconocido.

Dentro del ámbito del conflicto, los canales de expresión no verbales tienen una importancia significativa y ejercen una influencia sustancial, tanto en términos de la contraparte con la que estamos comprometidos como de nuestros propios esfuerzos comunicativos no verbales.

El escritor Arshaluys Mushkambaryan, quien se desempeña como profesor en la Universidad Ruso-Armenia, realizó una investigación en la que se exploró la expresión de las emociones durante los momentos de conflicto, en particular, aquellos que se intensifican [5].
Por lo tanto, cuando experimentamos emociones que pueden considerarse desfavorables, transmitimos señales no verbales que se perciben de forma negativa. En situaciones donde las emociones se intensifican, se generan modificaciones en la fisonomía y el comportamiento corporal de forma instintiva, sin intervención consciente o deliberada por nuestra parte.

La escalada del conflicto comienza cuando los individuos se vuelven incapaces de regular sus emociones, comunicando así su estado emocional elevado a través de expresiones verbales y no verbales cada vez más intensas.

Los gestos y ademanes comunicativos pueden ser categorizados de acuerdo a su dependencia del lenguaje verbal o su independencia del mismo. Por ejemplo, cuando decimos "tú" y señalamos con el dedo a nuestro interlocutor, estamos haciendo un gesto que depende del lenguaje verbal; sin embargo, cuando fruncimos el ceño, estamos haciendo un gesto que es autónomo del lenguaje verbal.

Reconocer los gestos sirve como un medio para relacionarse con el otro participante en la discusión, además de facilitar la organización del diálogo.

Por consiguiente, la conducta no verbal puede ser una compañía del discurso, lo que enfatiza o regula el mismo. Por lo tanto, la capacidad humana para transmitir y comprender información no verbal es de suma importancia en la construcción de relaciones satisfactorias, y tiene un impacto significativo en la posibilidad tanto de generación como de resolución de conflictos.

Mushkambaryan encuentra de interés el análisis de la detección e interpretación de la comunicación gestual durante una discusión por parte de los individuos involucrados en dichos conflictos. El autor sostiene que en la gestión de situaciones conflictivas interpersonales desempeñan una variedad de factores que pueden implicar connotaciones tanto negativas como positivas. ¿Cuáles son los aspectos positivos que pueden surgir de un conflicto?

La respuesta es cooperación. Si bien un conflicto implica una situación en la que las partes tienen diversos puntos de vista u objetivos, cabe señalar que la interdependencia de los individuos es lo que desencadena la necesidad de competir o colaborar entre sí [6].

¿Lo había pensado? Mantuvimos una discusión en la que abordamos la necesidad de determinar si el adecuado enfoque sería competir o cooperar. Por lo tanto, es plausible que se susciten debates con parientes por la urgencia de coadyuvar, mientras que la propensión a discutir con desconocidos radica en la necesidad de rivalizar.

Al tomar conciencia de dicha circunstancia, surge la indagación de las causas que motivan los desacuerdos conyugales. La respuesta de índole científica frecuentemente se resuelve mediante la colaboración. Este constituye un aspecto favorable de los conflictos. La interpretación de los gestos comunicativos de nuestra pareja nos permite comprender de manera más precisa sus solicitudes para colaborar, aun en casos en que se presenten situaciones de mayor tensión.

Sin embargo, es posible observar de manera objetiva un aspecto desfavorable. Plantéese la siguiente interrogante: ¿Por qué consagro mi tiempo a debatir con un individuo desconocido? ¿Por qué permito que un individuo desconocido provoque una influencia emocional en mi ser? La respuesta radica en la necesidad de competir. ¿Sería usted consciente de que la mayoría de nuestras interacciones con tanto conocidos como desconocidos resultan ser fútiles?

Después de enfatizar la importancia de la comunicación no verbal para influir en las relaciones interpersonales, Mushkambaryan centra específicamente su investigación en la importancia de las emociones como fenómeno del funcionamiento humano. El autor los define como "complejos, episódicos, dinámicos y estructurados" [7] y los asocia íntimamente con el comportamiento [8].

Los estados emocionales pueden manifestarse con prontitud y ser de intrínseca complejidad para contener, especialmente en circunstancias que presentan una compleja divergencia, lo cual propicia verbalizaciones que en retrospectiva carecen de correspondencia con las expectativas de ajustada respuesta. Sin embargo, al igual que las emociones tienen el potencial de ocasionar disputas, asimismo pueden resultar de gran utilidad al momento de resolverlas. ¿Cómo?

De hecho, en situaciones de conflicto, el lenguaje corporal puede ser una herramienta efectiva para comunicar de manera precisa y efectiva el nivel de importancia y significancia que atribuimos al tema que estamos debatiendo con nuestro aparente oponente. Para ejemplificarlo, considere la situación hipotética en la que se viera obligado a sostener una discusión mediante mensajería de texto, utilizando únicamente términos escritos. Aunque se esfuerce diligentemente en buscar las expresiones precisas, le resultará arduo comunicar la plena magnitud de las emociones que experimenta. El lenguaje no verbal de las emociones tiene el poder de alterar la perspectiva de los individuos sobre el mundo y su interpretación de las acciones de los demás. [9]

Tal es la dinámica del lenguaje no verbal cuando confrontamos a otras personas. Sin embargo, ¿cuál es el mecanismo que rige en el ser humano cuando experimenta el sentimiento de temor?

La emoción del miedo tiene la capacidad de contribuir al surgimiento e intensificación de conflictos, pero también puede desempeñar un papel en su prevención. Se entiende fácilmente cómo el miedo puede ayudar a evitar un conflicto, sin embargo, ¿de qué manera puede el miedo exacerbar el conflicto?

Existe un precedente histórico que ejemplifica con exactitud este punto. Durante los enfrentamientos militares que involucraron a los mongoles en la antigua época, los líderes militares de esta nación tomaron la precaución de otorgar al ejército enemigo una vía de escape para que pudieran retirarse de la batalla. ¿Cuál fue el propósito detrás de esta táctica? Debido a que cuando un militar se ve sin posibilidad de escape, experimentando la sensación de estar atrapado, su instinto de miedo lo lleva a proteger su vida; por consiguiente, los líderes militares de la tribu mongol eran conscientes de que un militar que afrontaba este temer era formidablemente más arriesgado que aquel que confiaba en la posibilidad de huida.

El temor, desde tiempos inmemoriales, ha ostentado la capacidad de intensificar una contienda hasta alcanzar niveles sumamente altos. Esta emoción es una de las más potentes que experimenta el ser humano. Dentro de una amplia gama de emociones que se pueden experimentar en varios contextos, hay algunas que tienen un significado particular en situaciones de conflicto: a saber, la ira y la frustración, la vergüenza y la culpa, el miedo y la tristeza.

¿Cuáles son las medidas que podemos tomar para prevenir el aumento de los conflictos? En primer lugar, es necesario ser consciente de que las emociones que experimentamos tienen una repercusión directa en nuestro estado fisiológico. Por lo tanto, es fundamental tener en cuenta que los conflictos familiares de alta intensidad no solo implican un posible daño emocional hacia nuestros seres queridos, sino que también pueden ejercer efectos adversos en nuestra propia salud corporal.

Por otro lado, consideremos si realmente merece 'competir' con un conocido o un extraño. ¿Verdaderamente nos incumbe alterar la perspectiva de pensamiento de dicha persona? ¿Por qué necesitamos discutir?

Ya sea que nuestras discusiones estén motivadas por la cooperación o la competencia, la clave para prevenirlas es considerar sus implicaciones al inicio de la escalada. En caso de llevarlo a cabo, obtendremos una mayor armonía en nuestras relaciones y se reflejará de forma beneficiosa en nuestra salud corporal.

El Papel Y La Importancia De La Empatía En Su Relación

¿Qué es la Empatía?

Las personas tienen una tendencia a combinar empatía y compasión. No obstante, es trascendental que usted distinga la disímilidad entre ambos. Experimentar compasión hacia alguien implica la sensación de compunción o conmiseración ante la adversidad a la que está sometido. Poseer empatía se traduce en tener la capacidad de percibir y experimentar de forma similar los estados emocionales ajenos.

No resulta infrecuente que existan desacuerdos entre las personas en relación a algún tema. Cada individuo posee sus propias perspectivas y emociones. No obstante, es de suma importancia honrar los sentimientos de la contraparte y evitar la imposición de los propios. Esto cobra una importancia de particular relevancia dentro del marco de una relación. Es necesario fomentar una predisposición compasiva y mantener la capacidad de tolerar las opiniones y emociones de los demás. El cultivo de la empatía te permitirá lograr esto y cultivar una relación sólida con tu pareja.

El impacto de la empatía en una relación

Resulta de gran importancia que poseas una actitud empática hacia tu compañero sentimental y, a su vez, ellos también deberán corresponder de igual manera hacia ti. Al establecer empatía con un individuo, es posible comprender su dolor o experimentar satisfacción al presenciar alguna alegría. Si logra cultivar la habilidad de la empatía en su persona, podrá ser capaz de percibir las cambiantes emociones de su pareja, alcanzando así un entendimiento fundamental entre ambos. El cultivar la empatía te permitirá desarrollar una mayor compasión. Cultivar la compasión en uno mismo reviste de suma importancia, en tanto su manifestación propicia la disposición para asistir a la pareja en situaciones de necesidad, procurándole la atención requerida. Si no puede experimentar empatía hacia la otra persona, tampoco podrá demostrar compasión hacia ella. Esto se debe a la falta de capacidad para reconocer las emociones de esa persona, por ende, se dificulta la posibilidad de responder con la conducta más apropiada. De acuerdo con diversos estudios, se ha observado que aquellos individuos que presentan una deficiencia en relación a la capacidad empática, pueden manifestar comportamientos perjudiciales hacia su entorno. Ellos carecen de comprensión respecto al impacto que sus palabras y acciones tienen en la otra parte. Estos individuos muestran tendencias autodeceptivas y evitan asumir la responsabilidad inherente a sus acciones. Con poca frecuencia exhiben arrepentimiento en caso de causar daño a un individuo. En la actualidad, es común observar una tendencia hacia el autoabsorbimiento en la sociedad, lo que lamentablemente ha llevado a una disminución en la capacidad para cultivar y manifestar la empatía. Este hecho puede conllevar consecuencias adversas en todas sus relaciones interpersonales, ya sea en el ámbito laboral o en el hogar.

La capacidad de comprender y compartir las emociones del otro reside en la raíz de una relación armoniosa y satisfactoria. Sin empatía y compasión, su relación enfrentará desafíos que superar. La empatía se constituye como un nexo que conecta dos individuos que presentan sentimientos, pensamientos o perspectivas divergentes. Existen tres categorías distintas de empatía.

La empatía cognitiva se refiere a la capacidad de comprender el punto de vista de otra persona, pero sin experimentar sus emociones de manera directa. Facilita la capacidad para comprender la situación que atraviesa la otra persona.

La capacidad de la empatía emocional permite que un individuo perciba y experimente los pensamientos y sentimientos de otro. Facilita el establecimiento de una conexión emocional con la otra persona.

La empatía compasiva encarna un equilibrio entre la empatía cognitiva y emocional. Esta habilidad facilita la adopción de una perspectiva diferente a la propia y la capacidad de comprender empáticamente las emociones de los demás.

La capacidad de comprender y solidarizarse con los demás, conocida como empatía compasiva, requiere de un mayor nivel de desarrollo en su persona. La presencia de empatía cognitiva o emocional puede conducir a efectos desfavorables. Un ejemplo ilustrativo es su capacidad para ser aprovechados con el fin de manipular las emociones. Sin embargo, la aplicación de empatía compasiva conlleva a experimentar con compasión y reducir la probabilidad de propósito malintencionado hacia otro individuo. Si posee empatía compasiva, ejercerá la prudencia antes de tomar cualquier acción y exhibirá más consideración hacia las emociones de su pareja. En caso de que tenga conocimiento de que su pareja experimenta molestia o frustración ante la presencia de una habitación en desorden, sería recomendable practicar la empatía y hacer un esfuerzo por mantener la estancia en condiciones limpias. Tu capacidad empática te será ventajosa para desempeñarte como un/una compañero/a efectivo/a, y tus diligencias serán remuneradas. La practica de la empatía compasiva puede facilitar una respuesta amorosa, compasiva y comprensiva hacia la pareja.

La adquisición de habilidades para fomentar la empatía

Dado que se ha percatado de la relevancia de la empatía, le sugerimos apuntar a cultivarla en su persona mediante una dedicación consciente y constante. Los siguientes procedimientos pueden resultar de gran ayuda:

Aumenta tu autoconciencia. Una vez que hayas alcanzado una mayor coherencia emocional e intelectual, serás capaz de discernir los mismos rasgos en otras personas. Si algo te lastima, sabrás que también podría lastimar a otra persona. Haga un registro mental de sus respuestas emocionales y cognitivas cuando su pareja se involucra en un comportamiento o expresión verbal en particular, y aprenda a regular sus tendencias reactivas en consecuencia.

Practica la auto-empatía. Será difícil para usted establecer una conexión emocional con su pareja a menos que primero desarrolle la capacidad de empatizar consigo mismo. Es imperativo que prestes atención a tus propias emociones y seas consciente de cuándo atraviesas un período desafiante. El cuidado personal debe ser una prioridad constante en todo momento. No debe comprometerse la autoatención en aras de la atención a la pareja. Si se preocupa por su propio bienestar, estará mejor capacitado para atender eficazmente los desafíos de aquellos que dependen de él, ya que abordará sus problemas desde una perspectiva serena. Mantener un estado de tranquilidad y serenidad contribuirá a su capacidad para cumplir con todas las tareas que se presenten.

Concéntrese en la observación del lenguaje no verbal. Es recomendable ejercer precaución con la comunicación no verbal y desarrollar la habilidad de reconocer el lenguaje corporal de los interlocutores. Las manifestaciones gestuales, la expresividad facial y los variados desplazamientos corporales de un individuo pueden proveer una valiosa percepción acerca de su estado emocional.

Observe los indicadores no verbales. La manera en que una persona expresa sus palabras usualmente resulta más reveladora que el contenido verbal en sí mismo. Las señales no verbales ayudarán a identificar su verdad emocional.

"Adquiere el hábito de practicar la escucha activa". Será difícil para usted establecer empatía con alguien si no está dispuesto o no presta atención a lo que esa persona está expresando verbalmente. Por favor, tenga en cuenta minuciosamente los detalles y practique habilidades de escucha efectiva. Evita interrumpir a alguien cuando habla. Brinda el espacio adecuado para que tenga la oportunidad de expresarse libremente. Muy a menudo, se observa que un gran número de individuos tienden a prestar más atención a la expresión verbal que al acto de escuchar activamente. Dispensa una atención verdaderamente genuina a tu pareja en todo momento. Incluso durante un desacuerdo, abstente de obsesionarte con encontrar formas de justificarte. Por favor, concéntrese en las palabras expresadas y esfuerce en comprender la perspectiva presentada.

Procure identificar las cualidades positivas en su compañero(a) y en su relación amorosa. Si se concentra excesivamente en los aspectos negativos, su capacidad de empatía podría verse alterada. Empiece a registrar los aspectos positivos en lugar de enfocarse en los negativos de manera constante.

Absténgase de emitir juicios o mostrar escepticismo con respecto a las afirmaciones hechas por la otra parte. Dispón tu corazón y mente a la escucha. No se enfoque excesivamente en impartir consejos o en indicarles cómo deberían o no deberían actuar. Cuando una persona expone su problema, indica que deposita su confianza en ti y anhela recibir tu respaldo. Sería recomendable que prestes mayor atención a la escucha activa en lugar de enfocarte exclusivamente en la resolución del problema. Coloca tus perspectivas y principios personales en un segundo plano y enfócate en las emociones y necesidades de la otra persona. Si te concentras exclusivamente en tu punto de vista, será difícil para ti actuar de manera consciente para satisfacer las necesidades de tu pareja.

Emplea estas sugerencias para fomentar el fortalecimiento de tu capacidad empática. Observarás una notable disparidad en tu capacidad de comunicar con los individuos, lo cual propiciará un avance sustancial en tus relaciones interpersonales.

Cómo comunicarse efectivamente con empatía.

Ahora que entiendes un poco mejor lo que implica la empatía, empieza a utilizarla cuando te comuniques. Para quienes persiguen la primacía de la rectitud en su discurso, les presentamos las siguientes recomendaciones.

Ten en cuenta el sufrimiento de tu pareja. Es de suma importancia que tengas en cuenta continuamente el estado emocional de tu pareja. Experimentarán un sentimiento de respaldo al momento en que efectúes una conexión empática con su dificultad o sufrimiento.

Es posible emplear las expresiones siguientes:

Empatizo con tu situación y las dificultades que estás enfrentando actualmente.

Estoy profundamente consternado de que esto te haya sucedido.

Sería mi mayor placer volver a visitar el pasado y modificar las circunstancias para aliviar la angustia que usted experimentó anteriormente.

Esto debe ser un reto para ti.

Comprendo que esta debe ser una situación desafiante para ti.

Comparte tus sentimientos. Se le solicita su honestidad y disposición a reconocer cuando se presenta una falta de palabras adecuadas. En ocasiones resulta arduo concebir la situación por la cual está atravesando un individuo. Expresa tu perspectiva y comunica de manera efectiva a tu pareja que estás haciendo un esfuerzo consciente para mejorar la situación.

Sería factible emplear las expresiones siguientes:

Estaré encantado de ofrecerle ayuda.

Mi dolor es proporcional al tuyo.

No puedo imaginar lo arduo que debe ser esto para ti.

Me entristece sinceramente que estés experimentando esto.

Lamento escuchar que te sientes de esa manera.

Demuestre a su pareja que valora su capacidad de confiar en usted y abrirse emocionalmente. Para las personas, experimentar vulnerabilidad y adoptar una actitud abierta ante los demás es un desafío que enfrentan con dificultad. En ocasiones recurrentes, su nivel de confianza ha resultado afectado en ciertos momentos. Por lo tanto, cuando toman la decisión de depositar su confianza en usted, es debido expresar gratitud como correspondencia. Exhiba a su pareja su condescendencia al hacerle saber que valora su disposición a compartir sus reflexiones y sentimientos contigo. Es importante reconocer la complejidad de la tarea que pueden estar enfrentando.

Es posible emplear las frases siguientes en lugar de la afirmación previamente expresada.

Me complace que hayas compartido esto conmigo.

Me alegro de que hayas confiado en mí.

Entiendo que pueda resultar complejo hablar sobre este tema. Le agradezco por haber compartido esto conmigo."

Valorizo tu dedicación a fortalecer nuestra relación. Soy consciente de que estás haciendo un esfuerzo y ello me infunde una gran dosis de optimismo."

Le agradezco su confianza al compartir sus pensamientos conmigo. Me gustaría estar junto a usted.

Manifestar interés hacia tu pareja es una muestra significativa de tu compromiso en la relación. Es necesario mostrar interés por los acontecimientos que involucran a tu cónyuge. Puede resultar arduo enfrentar situaciones desfavorables en solitario. Es necesario que te acerques y demuestres tu presencia con el propósito de brindar apoyo. Expresen vuestra disposición y compromiso de escuchar atenta y detalladamente sus perspectivas y puntos de vista. Evite brindar una cantidad abundante de consejos u opiniones. Solo escucha activamente.

Es posible emplear las siguientes estructuras frasales:

Estoy aquí a su disposición si desea consultar.

¿Cuál es tu postura ante los acontecimientos recientes?"

¿Se encuentra usted bien? ¿Existe algún asunto que desees abordar en este momento?

● *"Creo que te sientes...". ¿Estoy en lo cierto? ¿Lo he entendido mal?*

¿Cómo ha resultado esta experiencia para usted?

Dale ánimos. Cuando un miembro cercano de la familia o amigo atraviesa un período de desafíos, es fundamental brindar apoyo emocional para impulsar su bienestar y confortamiento durante dicho momento. Sin embargo, es necesario que realices esta acción siguiendo el procedimiento adecuado. Absténgase de mediar en la resolución de su dilema ni brindar sugerencias no requeridas. Motívelos de forma que genere un impacto positivo en su estado anímico y en su motivación. Demuestre a los demás su interés y confianza en ellos.

"Podrá usar las siguientes frases" would be a more formal way to express the same idea.

Usted posee una notable fortaleza y tengo plena confianza en que podrá superar esta situación.

- "Siempre estaré a tu lado. Nunca deberías sentirte solo/a".

Me siento honrado/a por tus logros y realmente valoro tus esfuerzos.

Te tengo en alta estima, y nunca deberías cuestionarlo.

Posees un alto nivel de habilidades y destrezas.

Muéstrale tu apoyo. En ocasiones, las acciones pueden tener una mayor relevancia que las palabras. Una serie de acciones sencillas pueden ser emprendidas para demostrar a su pareja que está disponible para brindarle asistencia y respaldo en situaciones complicadas. Podría usted considerar remitirles un ramo de flores con el fin de mejorar su estado de ánimo. Sería factible que realices algunas tareas en su nombre. Por favor, considere realizar cualquier acción que considere que pueda ser apreciada por ellos y que pueda facilitar su día a día.

Se le invita a emplear las expresiones siguientes:

Tengo el deseo de hacer esto por ti.

Siempre estoy disponible para prestar un oído atento.

Disculpe, ¿Existe alguna manera en la que pueda ser de asistencia en este instante?

¿Podría brindar alguna asistencia en este momento?"

"Por favor, hágame saber cuáles son sus necesidades".

Sin embargo, resulta evidente que no existe una estructura definida en relación a la capacidad empática. Es fundamental armonizar con las necesidades de tu pareja y desplegar una conducta adecuada en consecuencia. El cincuenta por ciento de la tarea consiste en escuchar atentamente y mantener una presencia efectiva y cercana para atender sus necesidades. Confío en que los mencionados ejemplos resulten de utilidad para hacer frente a dichas situaciones con una actitud más compasiva y efectiva.

"¿Cuál Es La Definición De Comunicación No Verbal?" In A Formal Tone.

No verbales las comunicaciones hacen referencia a los cimientos de la organización social. Estas comunicaciones adquieren trascendencia y significado en el contexto del proceso de supervivencia a través de la evolución. La capacidad de llevar a cabo esta acción es el resultado de la ritualización.

La comunicación no verbal se vale de tres tipos de medios. En primera instancia, se considera al cuerpo en términos de sus atributos físicos o fisiológicos y de sus movimientos. En segundo lugar, artefactos asociados al cuerpo del individuo, tales como indumentarias, marcas en la piel y cortes (sean o no motivados por prácticas rituales). Además, hay artefactos asociados con el medio, ya que todos los productos de artificio hechos por humanos pueden servir para comunicarse. Finalmente, es importante mencionar que la dispersión espacial de los individuos, ya sea en términos físicos, territoriales o relacionados con el espacio inmediato al cuerpo y su conexión con éste, es considerada como una forma de expresión no verbal.

Las comunicaciones no verbales se definen como el conjunto de expresiones, gestos, posturas y otros elementos comportamentales que transmiten información sin recurrir a las palabras."

Los canales de comunicación presentes en organismos vivos que no hacen uso del lenguaje humano o de sus variantes no vocales. A pesar de esta evidente definición propuesta por Corraze, J. La expresión "no verbal" presenta una ambigüedad en su significado. Por consiguiente, es importante reconocer que la comunicación no verbal puede ser audible y, por ende, es recomendable evitar el término "lenguaje silencioso". En consecuencia, a la luz de la definición presentada anteriormente, es necesario excluir el sistema lingüístico humano, que sí es de naturaleza verbal.

Se aplica el término de comunicaciones no verbales a: gestos, posturas, orientaciones del cuerpo, singularidades somáticas (naturales o artificiales), e incluso a organizaciones de objetos o a relaciones de distancias entre individuos. Por consiguiente, es preciso afirmar las declaraciones de J. Corraze, en las que se sostiene que...

En efecto, como se ha dicho con frecuencia, todo objeto, toda situación y, en consecuencia, todo ser vivo emite necesariamente información que puede ser potencialmente percibida por otro sistema.

Resulta imperativo hacer referencia al primer axioma de la comunicación propuesto por Watzlawick, P., en este contexto. /Beavin, J. h /Jackson, D. que afirma:

"No es factible no comunicarse". (3)

Para ciertos autores, la presencia o la falta de intención en el envío de un mensaje se utiliza como una forma de establecer una dicotomía esencial. Mackay y Argyle, M. Propusieron distinguir entre un signo o señal, que tiene la capacidad de alterar el comportamiento de un individuo susceptible al recibirlo, y una comunicación, que produce el mismo efecto pero es resultado de una intención. Es importante tener presente que en las situaciones cotidianas, la voluntad consciente del ser humano ejerce un leve dominio sobre las señales no verbales de comunicación. En otras palabras, estamos conscientes del mensaje que deseamos comunicar, sin embargo, no poseemos conocimiento acerca de los medios que utilizamos para hacerlo, tales como el lenguaje corporal y la entonación vocal.

Asimismo, se ha considerado que la intencionalidad constituye una consecuencia de la selección natural, y por ende, dicho propósito regula numerosos argumentos de carácter biológico. En virtud de estas concepciones, se podría inferir que un sistema de conducta podría no tener otra finalidad que la de proveer la producción de señales, y que ha sido preservado meramente por esa razón a lo largo del curso de la evolución. Desde luego, Corraze. j Considere que la justificación de esta afirmación debe basarse en el concepto de ritualización, el cual será abordado con más profundidad en una instancia posterior.

Además, es posible proponer una dicotomía alternativa en la transmisión de un evento y la interacción que pudo haber estado presente en su inicio. Una vez que se ha emitido un mensaje dentro del contexto de una relación social, es posible que su contenido se vea significativamente influenciado por tal relación. Si existe un contexto social específico que influye en la producción de un evento, podemos asignarle el valor de comunicación. Algunas categorías de datos pueden ser atribuidas a la manifestación de un estado emocional, un dilema o incluso una característica distintiva de la persona. Se entiende que un individuo manifieste su malestar físico sin la presencia de ningún receptor. Sin embargo, esta frase también cuenta con la capacidad de ser incorporada en un sistema de comunicación.

Es ampliamente reconocido que las culturas imponen limitaciones estrictas a la exhibición pública de emociones, y la exhibición excesiva se denomina teatralidad y la inhibición emocional, insensibilidad. Consecuentemente, según Corraze, J. Resulta evidente que el análisis de las manifestaciones faciales constituye un ámbito de estudio autónomo, y que su relevancia en el ámbito de las interacciones sociales es una cuestión de naturaleza distinta.

Durante un largo periodo, los diversos tipos de investigaciones se han visto significativamente afectados por la simplificación de las comunicaciones no verbales en meras expresiones que reflejan conflictos individuales. No obstante, en la presente época, los estudios han dirigido su enfoque al rol que juegan los sucesos fisiológicos dentro del contexto sociocultural. La definición proporcionada por Scheflen, A. MI. (5) (psicoanalista) acerca de la comunicación encierra muy bien el pensamiento de Corraze, J.

"La interacción entre individuos que conforman un grupo abarca la totalidad de los actos que permiten establecer, regular, mantener y consolidar sus conexiones interpersonales." (6)

La génesis de las comunicaciones no verbales: el concepto de ritualización

Desplazamientos de acción y desplazamientos de comunicación.

Los desplazamientos efectuados por los organismos vivos pueden ser clasificados en dos categorías distintas. Algunos movimientos involucran modalidades físicas de acción y están dirigidos hacia transformaciones dentro del mismo ámbito. Las demás entidades son medios de comunicación cuyo propósito consiste en alterar el comportamiento de otros seres vivos.

Cualquier movimiento de acción tiene la capacidad de comunicar una información a un organismo receptor que la percibe. Por esta razón, Ruesch, J y Kees". Para reformular en un tono más formal: "Como consecuencia, es por esta razón que se hace referencia a Ruesch, J y Kees. W (7) proponen distinguir. En el ámbito de las comunicaciones no verbales, existe una clara distinción entre el lenguaje de señas, que cumple una función exclusiva de señalización, y el lenguaje de acción, el cual engloba todos aquellos movimientos que no se utilizan de forma exclusiva como señales. En consecuencia, es el propio proceso de evolución el que puede demostrar cómo determinados movimientos se han conservado única y exclusivamente por su capacidad de facilitar la comunicación. Con el tiempo, tales movimientos pierden toda ambigüedad como resultado de la presión selectiva, dictada por la selección natural.

La definición de la ritualización consiste en la conceptualización y descripción del proceso mediante el cual se establecen y mantienen prácticas ceremoniales y simbólicas en una determinada cultura o sociedad como parte integral de sus tradiciones y valores.

Conforme he mencionado previamente, ciertos comportamientos pueden cumplir una función comunicativa entre individuos de una especie, sin necesidad de desempeñar otro propósito alguno. Los investigadores ingleses se refieren a ellos como 'displays', lo que Corraze, J ha traducido como manifestaciones comunicativas. Las manifestaciones comunicativas se denominan comúnmente como acciones dirigidas únicamente a la comunicación, y están íntimamente ligadas al concepto de ritualización.

Las expresiones comunicativas son aplicables a toda organización que ha sido ritualizada, es decir, se ha especializado en su forma y frecuencia como medio de adaptación para transmitir información. Es evidente que el concepto de ritualización dilucida el origen y la génesis de una expresión comunicativa. Como afirma Corraze J.:

La ritualización se refiere al proceso por el cual el comportamiento que no cumple una función comunicativa se transforma en una manifestación comunicativa.

Mecanismos de constitución

Hay múltiples fuentes concebibles de un comportamiento ritualizado. Las acciones más reconocidas son los movimientos voluntarios y las actividades de locomoción. Una instancia de movimiento intencional se manifiesta cuando un niño levanta los brazos verticalmente y gira la cara hacia un adulto, lo que se reconoce como una indicación del deseo de ser levantado. Este gesto, que se manifiesta desde el primer año de vida y cuya ausencia es un síntoma patológico del autismo infantil de Kanner (9), representa un movimiento deliberado.

La exposición de los dientes mediante la apertura de la boca, conocida como "bared-teeth display", es una expresión facial ancestral y compartida por muchos mamíferos. Aunque no existe un consenso unánime entre los investigadores, se asocia comúnmente con una actitud agresiva y la potencial producción de una vocalización relacionada con el comportamiento de morder. Montagner, H. El autor indica en su estudio que esta habilidad se desarrolla en niños durante un lapso de tiempo que va desde los dieciocho hasta los treinta y seis meses de edad, en conexión con la producción de un sonido de gran fuerza conocido como el fonema "ah".

Muchas de estas actividades de desplazamiento ritualizadas sirven para estandarizar las relaciones sociales, ya que conservan su valor original. En otras palabras, estas actividades, una vez transformadas en señales, evocan en el receptor las mismas emociones, impulsos o motivaciones que habrían suscitado en su contexto original.

En resumen del discurso anterior, se puede afirmar que la ritualización equivale a un conflicto entre dos fuerzas motivacionales opuestas. La presente teoría del conflicto, en cierta medida, mantiene su vigencia y se constata su veracidad en gran parte de esta investigación. En la etapa de ritualización, el comportamiento primitivo y original sufre modificaciones que potencian su función como señal.

Las pautas para redactar contenido en un registro web.

A continuación, se presentarán una serie de sugerencias con el propósito de optimizar la efectividad de la comunicación del blog en la red de internet. Procederemos con la inclusión del título o encabezamiento. En relación a este asunto, es importante considerar lo siguiente:

Los titulares deben ser altamente descriptivos e incorporar una palabra clave fuerte que caracterice efectivamente la esencia del artículo. Es necesario prescindir de los encabezados demasiado ingeniosos que obstaculizan la claridad y la evidencia de la temática del artículo. ¿Cuál es la palabra clave para lograr el éxito? Ser detallado en la redacción del título. Esto le otorgará una participación del 50% en la posición de mercado.

No se permite el uso de letras mayúsculas en los titulares. El empleo de letras mayúsculas se restringe exclusivamente a oraciones iniciales y la identificación de nombres propios, lugares geográficos, entidades organizacionales, y otras categorías relevantes similares. Asimismo, es importante abstenerse de agregar un punto al final al redactar titulares. El texto en cuestión se presenta sin punto final en su conclusión, mientras que su introducción, por el contrario, se finaliza con un punto definitivo.

Si se van a incluir dos puntos (:) en el título, nunca debe haber una letra mayúscula después. Siempre minúscula.

Es contrario a las normas el empleo de numeración en los títulos, como por ejemplo "parte I" o "parte II". El artículo podría experimentar una disminución en su tráfico, puesto que Google no realiza este tipo de distinciones numéricas.

Si se reitera el mismo conjunto de palabras clave tanto en el título como en el párrafo principal del artículo, se reducirá la posibilidad de que el artículo sea rastreado a través de motores de búsqueda como Google. Por ejemplo, en un artículo sobre tomates orgánicos, sería apropiado incluir la frase "tomates orgánicos" en el título, y en el párrafo introductorio podría usarse la frase "tomates ecológicos", como una forma alternativa de referirse a la mismo tema. En el primer párrafo, se puede emplear la combinación de términos destacados "tomates cultivados bajo prácticas de agricultura ecológica". En ningún caso se está reiterando la misma combinación de términos clave, sino que se está otorgando mayor amplitud al artículo al considerar múltiples opciones de búsqueda.

Los títulos nunca deben ser una cita o una declaración, ya que esto podría dificultar la búsqueda del artículo en línea. Es importante considerar las palabras que emplearía un individuo que busca información a través de un motor de búsqueda, como Google u otro.

Los títulos de los libros siempre están en cursiva en el texto, mientras que están entre comillas en los títulos y encabezados. Se debe escribir los nombres de los medios de comunicación, empresas, fundaciones y asociaciones sin utilizar un formato especial, prescindiendo tanto de la cursiva como de las comillas.

El párrafo introductorio debe resumir de manera sucinta y descriptiva el contenido general del artículo. Se requiere un compendio conciso y preciso que refleje tanto la temática abordada como el enfoque del escrito. Es esencial que se agreguen palabras clave relevantes en el contenido, evitando la repetición de aquellas utilizadas en el título.

El cuerpo principal del artículo.

Al momento de publicar un artículo, resulta adecuado considerar las siguientes ponderaciones:

Es requisito fundamental que cada pieza sea de contenido y autoría exclusivos, sin haber sido previamente difundida en la red de Internet.

Es preciso llevar a cabo una exhaustiva revisión antes de proceder a la publicación, con la finalidad de prevenir posibles errores ortográficos, de sintaxis, de puntuación, de gramática o de estilo.

Cada publicación debería brindar una contribución de valor para los lectores, presentando información única y fascinante que aporte un enfoque auténtico en lugar de simplemente reiterar datos redundantes previamente disponibles en línea. Es imperativo que el escrito resulte atractivo al lector en virtud de su perspectiva, la información ofrecida, la recopilación de datos, la novedad y la inventiva. Sin embargo, no deseo ser considerado como un simple duplicado sumergido en la vasta cantidad de información monótona y desprovista de interés que, en ocasiones, se puede encontrar al navegar por la red mundial. El modo singular en que un individuo puede seleccionar la lectura de un artículo por encima del índice previo o posterior es a través de invocar el interés del lector mediante el suministro de un contenido de significativo interés. Constituye el enfoque óptimo para lograr una ampliación de la base de lectores.

Es imprescindible hacer uso de TÉRMINOS CLAVE en cada sección de un artículo, incluyendo el encabezado, introducción y contenido. No obstante, es importante que tales términos sean aplicados de manera lógica y coherente. La reiteración insistente de vocablos relevantes se encuentra fuertemente sancionada por el motor de búsqueda Google. Siempre es necesario redactar para audiencias humanas y no mecánicas. Es importante priorizar la calidad del producto o servicio en lugar de enfocarnos únicamente en su posición en el mercado. Lo segundo viene después. La prioridad recae en confeccionar un artículo de alta calidad y atractivo, posteriormente adquirir las habilidades necesarias para potenciar su difusión y llegada a un amplio público lector.

Recomendamos que los escritos posean una longitud de entre 600 y 800 palabras, ya que dicha cantidad es considerada óptima para su fácil lectura en pantalla, sin llegar a generar fatiga en el lector.

La introducción del tema a ser desarrollado es esencialmente plasmada en el párrafo inicial.

Es necesario evitar el uso de ladillos al inicio del artículo.

Cada uno de los artículos deberá contar con ladillos o intertítulos, que funcionan como títulos breves y segmentan de manera temática el contenido del cuerpo del texto. Es necesario que estos siempre sean destacados en negrita y sin poner punto final. Deberá reservarse una separación de dos espacios antes del encabezado y uno después del mismo, en todo momento.

No resulta apropiado elaborar párrafos de extensión excesiva.

La escritura de los artículos deberá priorizarse en tercera persona.

El lenguaje empleado deberá ser informativo y riguroso en su redacción. En ningún caso se debe permitir la utilización de vocabulario obsceno o informal, excepto en situaciones específicas como citas o testimonios.

En caso de mencionar palabras de origen extranjero, es imperativo resaltarlas mediante la utilización del formato cursiva, a excepción de aquellos casos en los que se trate de títulos o entradillas, los cuales deberán ir delimitados por medio de comillas.

Se requiere el uso de comillas y letra cursiva para todas las declaraciones y citas, exceptuando los artículos que funcionen como entrevistas en sí mismos.

No se debe concluir las enumeraciones con la expresión 'etcétera'. Los puntos suspensivos, formados por tres puntos (...). Es de suma importancia concluir adecuadamente las tareas asignadas, asegurándose de realizar una clausura adecuada de las mismas.

El empleo de texto en negrita se encuentra destinado de manera específica y exclusiva a los encabezados secundarios (titulares intermedios).

Agencias de comunicación:
Atrapado entre la espada y la pared.

Este artículo tiene como objetivo abogar por las Agencias de Comunicación, típicamente compuestas por profesionales debidamente capacitados, que en ocasiones se ven obstaculizados en el desempeño de sus funciones profesionales.

Tradicionalmente, las Agencias de Comunicación (y con esto me refiero a los profesionales acreditados que trabajan en dichas agencias) se han enfrentado a una situación desafiante al trabajar con clientes: ya sea para cumplir con las órdenes de sus clientes sin objeciones para evitar molestarlos y potencialmente perder su cuenta, o para comunicar efectivamente que la experiencia de la agencia en Comunicación proporciona la base para determinar el curso de acción adecuado. Si bien esta situación no es novedosa, los actuales tiempos de crisis han exacerbado la dificultad de obtener una cuenta, la pressión competitiva y el abaratamiento de precios en el mercado.

Un profesional de la comunicación competente posee la perspicacia para discernir el momento oportuno para orquestar una conferencia de prensa, el enfoque adecuado que debe adoptarse, la designación de un vocero apropiado y su modus operandi, la forma de enmarcar un comunicado de prensa, así como el requisito. etiqueta a observar en la atención a los miembros de la prensa, entre otros componentes críticos. Sin embargo, el profesional de la comunicación que trabaja en una agencia no siempre tiene a un colega de la comunicación como interlocutor del otro lado. Incluso cuando un profesional de este tipo está presente, puede verse limitado por las demandas que le imponen sus superiores, que a menudo se encuentran en el departamento de marketing donde se basa el presupuesto. Aunque pueden abogar en nombre de la agencia o puntos de vista similares, en última instancia, son los superiores quienes llevan la carga de tales acciones dentro de sus presupuestos y prevalecen.

Aquellas personas que solicitan los servicios de una agencia empresarial (excluyendo a los profesionales de la Comunicación que se encuentren dentro de dichas empresas), centran su atención únicamente en las necesidades de sus superiores. Indubitablemente, se anhela que la campaña de Comunicación sea fructífera, que los profesionales del periodismo la reciban complacidos y la divulguen en sus canales, y que el público meta de la mencionada campaña se vea alcanzado y conmovido por los mensajes... Sin embargo, todas estas cuestiones se consideran de menor importancia para ellos. Para ellos, su público objetivo son sus superiores jerárquicos y los superiores de sus superiores. Eso es la única cuestión relevante.

En el escenario hipotético de que únicamente cuatro periodistas asistan a la Rueda de Prensa, la situación resultaría en un discurso unidireccional tedioso por parte de un portavoz poco elocuente, el cual sólo lograría publicar dos o tres reseñas. En esta situación, los mensajes carecerían de difusión y tendrían una recepción limitada. Sin embargo, es importante destacar que la preparación de la campaña se sustentó en una sofisticada plataforma de presentación visual, empleada para exponer una amplia variedad de objetivos, en la que se incluyeron fechas, grupos de trabajo y reuniones. Todo lo cual fue presentado y presentado tanto a nivel del Comité de Dirección central como del Internacional, logrando impresionar especialmente a los últimos, dadas las destacables iniciativas expuestas. El logro del éxito habrá sido alcanzado.

En este contexto, la Agencia de Comunicación puede presentar humildemente sugerencias sobre la forma en que se podrían llevar a cabo ciertas acciones, pero en última instancia debe acatar las restricciones impuestas por el cliente sin oponerse a ellas. En última instancia, la agencia cuenta con una plantilla y compromisos salariales que deben ser cumplidos mensualmente. Si los encargados no realizan el trabajo de esa manera, otros lo harán; por lo tanto, persistir en la consecución de una ejecución adecuada del trabajo cuando el cliente no está dispuesto, sólo resultará en la pérdida de esa cuenta y en la ejecución inadecuada del trabajo por parte de otra agencia. Una agencia de calidad, al menos, se esforzará por cumplir las instrucciones del cliente y procurará remediar cualquier error evidente en la concepción del proyecto, mientras que una agencia menos profesional no prestará la atención debida a este aspecto.

Sin embargo, también hay otras agencias que, al ser conscientes de esta situación y ante la necesidad de atraer a clientes, se enfocan desde el principio en elaborar propuestas que satisfagan los intereses de sus clientes. Ellos se identifican como los denominados "vendedores de ilusiones". Ellos presentan el contenido con excelencia, lo que les ha permitido ser reconocidos y aplaudidos por los dirigentes tanto a nivel nacional como internacional. Posteriormente, se implementará únicamente un fragmento reducido del proyecto concebido, lo cual resultará en rendimientos modestos. Sin embargo, resulta insignificante, pues la mencionada información se adornará de forma abundante con imágenes gráficas, datos precisos, fechas concretas y citas correspondientes a reuniones, así como con la presentación de comités de expertos recién contratados y puestos en nómina. Además, se incorporarán los resultados de nuevos estudios, se planearán nuevas reuniones y se diseñarán nuevos planes de acción, para los cuales esta agencia está debidamente preparada para ejecutarlos con éxito.

Si continúa prevaleciendo la práctica por parte de algunos líderes de convocar conferencias de prensa innecesarias en lugar de simplemente emitir comunicados, y si los esfuerzos de redacción continúan centrados en la mercadotecnia en lugar del contenido informativo, y si se sigue manteniendo una ignorancia generalizada sobre el mundo de los medios de comunicación y una actitud de considerarlos subordinados, y si se siguen aceptando acuerdos de patrocinio en los que el origen de los fondos queda en secreto, con la única visibilidad pública en forma de un logotipo esporádico, entonces no habrá más futuro que el presente actual.

Las agencias de comunicación respetables se encuentran en una situación difícil, ya que las circunstancias actuales las obligan a comprometer sus estándares profesionales para satisfacer las demandas autoritarias de su clientela. Sería muy conveniente si se pudiera confiar plenamente en los profesionales, ya sean empleados propios o contratados de una empresa externa."

El Papel De Un Portavoz En La Empresa

El portavoz es el representante destacado de la empresa y actúa como el rostro "humano" de la organización. Las personas prefieren interactuar con humanos en lugar de máquinas en la conversación. De ahí la trascendencia de la función del portavoz, lo cual implica una considerable atención en cuanto a su selección y una especial consideración a la formación que se les otorgue, para lograr que desempeñen esta tarea de manera óptima. Es factible designar a uno o más representantes para actuar como voceros de la empresa, ya que ellos serán los responsables de proyectar su imagen pública. Es necesario que estos individuos sean los más aptos y calificados para esta responsabilidad, sin importar su posición jerárquica dentro de la organización, aunque esta idea pueda resultar incómoda para aquellos que ostentan el título de "importantes" y desean destacar en este rol.

Es imperativo que las empresas e instituciones asuman su responsabilidad social, ya que su pertenencia a la sociedad demanda una interacción constante en este sentido. Si bien como individuos es un hecho comúnmente aceptado la necesidad de interactuar mediante la comunicación interpersonal, las empresas y organizaciones deben compartir dicho punto de vista y acomodarse a las demandas informativas de la sociedad, procurando comunicar proactivamente aquellos aspectos relevantes que puedan ser de interés general, particularmente en aquellos casos en que se vislumbre un impacto directo o indirecto sobre la ciudadanía.

No obstante, dado que una empresa u organización cuenta con numerosas figuras públicas y un solo líder no puede asumir toda la responsabilidad, es recomendable designar un vocero. Se espera que el vocero represente a la empresa y sirva como su voz para abordar las consultas de los medios de manera proactiva o reactiva. Por lo tanto, es esencial que el vocero posea no solo un conocimiento adecuado (aunque no necesariamente un experto en todas las áreas, ya que siempre puede consultar a expertos en la materia para detalles específicos) sino, sobre todo, habilidades de comunicación excepcionales.

Sin embargo, ¿quién puede o debe desempeñar el papel de portavoz? Para ello, existe el rol del Director de Comunicaciones. Como miembro activo del equipo ejecutivo, el Director de Comunicaciones posee un conocimiento profundo del espíritu de la corporación que representa, junto con la capacitación necesaria para transmitir los mensajes de manera efectiva. El Director de Comunicaciones posee un conocimiento profundo de la organización, su dirección y las fuentes apropiadas para buscar datos técnicos específicos. Sin embargo, su experiencia más importante radica en transmitir con éxito mensajes impactantes a la audiencia y manejar hábilmente situaciones desafiantes o complejas que puedan surgir con los periodistas. En calidad de integrante del cuerpo directivo, ha de considerarse que asimismo se encuentra respaldado por la Dirección de la empresa. Es altamente recomendable que el postulante a este puesto haya obtenido su grado en Ciencias de la Información y cuente con una preparación sólida en diversos ámbitos, como por ejemplo, en sesiones de capacitación especializadas en intervenciones en medios de comunicación, como televisión y radio. De la misma manera, en circunstancias críticas.

Poseer esta entidad representativa resulta altamente favorable, ya que los profesionales de la prensa pueden contar con un interlocutor siempre disponible y competente en la comunicación de información precisa, con capacidad incluso para proporcionar titulares de calidad. Sin embargo, la verdad del asunto es que no todas las empresas y organizaciones tienen acceso a tal posición. En consecuencia, o no existe un vocero o son múltiples las personas que cumplen este rol, lo que lleva a su inexistencia dentro de la empresa. Este "portavoz" tiende a actuar de mala gana, ya sea porque no le gusta actuar como tal o porque desea hacerlo solo en sus propios términos, en lugar de la conveniencia del periodista. De este modo, se observa un reparto arbitrario de la función de portavocía entre los miembros directivos de la compañía, sin criterios preestablecidos y percibida como una tarea adicional y perturbadora. Los portavoces suelen ser expertos en el tema en cuestión, aunque no poseen la misma destreza en su habilidad para interactuar con los medios, transmitir información de manera efectiva y asistir a los periodistas durante su labor.

A pesar de que no todos los establecimientos especializados en la investigación científica disponen de un líder específico en Comunicaciones, es notable que gran cantidad de ellos se encuentran integrando la figura del responsable de Comunicaciones o Jefe de Prensa, cuya función principal radica en servir como nexo entre los representantes de los medios de comunicación y la persona designada como vocero en un momento determinado. El Director de Prensa no es un portavoz y por lo tanto no puede expresar sus propias opiniones ni las de la empresa, ya que es un 'empleado' y no un 'representante' que habla en nombre de la empresa. La labor asignada a usted consiste en gestionar de manera efectiva las solicitudes de los medios de comunicación, manteniéndose en contacto directo con el portavoz de turno. Además, deberá trabajar con todas las informaciónes que se produzcan dentro de la organización o empresa para crear contenido periodístico de calidad y asegurar que se difunda satisfactoriamente. Por ello, aquellos laboratorios que no hayan optado por incorporar el cargo de Director de Comunicación sino que hayan optado por un Responsable de Comunicación deberían, al menos, depositar su confianza en él y apoyarle en su trabajo.

El reino de los medios audiovisuales.

Lo que antes eludía a los medios impresos, la radio y la televisión, ahora está al alcance del periodismo digital. Toda información actual está compuesta por multitud de imágenes, englobando en su ámbito visuales tanto estáticos como dinámicos. La fusión de distintas propuestas visuales con una amplia gama de colores crea una combinación singular, la cual resulta seductora y atractiva.

Cada sitio web de noticias dispone de notas que, al ser accionadas, despliegan su contenido y enlazan a los usuarios con una vasta gama de información adicional. Asimismo, estas notas cuentan con la ventaja de ofrecer videos relevantes que abonan al contenido y la narrativa de la noticia en cuestión.

La presente inclinación hacia lo audiovisual genera profundos impactos en nuestras costumbres, preferencias y estructuras de valoración. Existe una sustancial brecha entre adquirir el diario impreso en la vía pública y transportarlo consigo hasta encontrar el momento y lugar propicio para su lectura.

Actualmente, la situación es diferente, ya que ver sitios web, hacer clic en notas que muestran su llamativa conectividad visual y auditiva implica pautas y funcionalidades diferentes. De tal modo, el dominio de los medios de comunicación visuales influye en la forma en que educamos a nuestros hijos, nos comunicamos en el ámbito laboral, establecemos relaciones amorosas e incluso en la manera en que expresamos nuestro sentido de trascendencia.

En tiempos pretéritos, la tarea comúnmente aceptada para demostrar la trascendencia de nuestra existencia terrenal era la de escribir un libro. No obstante, a medida que el tiempo ha avanzado, la plantación de árboles y la procreación de hijos se han convertido en los aspectos suficientes para reafirmar nuestra presencia más allá de lo meramente físico. Si bien el ejemplar impreso del libro se guardara con otros recursos en un estante, acumulando polvo con el tiempo, el simple acto de poseer y disponer de él a mano transmitiría el espíritu de una herencia que trasciende nuestra propia existencia. En la actualidad, aunque el material en sí mismo se encuentra disponible en formato de libro electrónico y audiolibro, merece ser considerado por su valor, pero sin embargo no es el elemento de mayor significado o importancia trascendental.

Una de las principales aspiraciones existenciales en la actualidad no se limita exclusivamente a la redacción de dicha obra literaria, dado que su logro puede ser reemplazado o equilibrado mediante la participación en un evento TED, una plataforma que ofrece charlas reflexivas sobre diversos temas contemporáneos de relevancia crítica, abarcando más de treinta áreas temáticas que van más allá de su origen en Tecnología, Entretenimiento y Diseño. TED no solamente se encuentra disponible en idioma inglés, como en sus primeros días, sino que también se ha expandido al idioma español, llevando a cabo la emotiva e inspiradora iniciativa en diversos países como en México, Argentina y España, entre otros.

Cada charla ofrecida en las exposiciones TED es presenciada en tiempo real por cientos de personas en un ambiente atractivo, solemne y cautivador, museado por una iluminación extraordinaria y pantallas de video de gran tamaño colocadas en los costados del salón lleno de efectos visuales donde se destaca al orador en cuestión de las codiciadas charlas breves, con una duración que oscila entre los 15, 20 y 30 minutos. Estas experiencias son presenciadas en persona por un selecto grupo de individuos, sin embargo, posteriormente son difundidas a través de las redes sociales, alcanzando audiencias de miles e incluso millones de espectadores.

En lugar de considerar la autoría de un libro como un objetivo crucial de la vida y un medio para alcanzar la significación, la tendencia actual privilegia los formatos de audio y se han priorizado los medios de comunicación audiovisual como TED Talks o los canales de YouTube con un número importante de suscriptores.

La mencionada flexibilidad impacta directamente en la audiencia de la televisión abierta y de cable, pues la emisión en línea de colecciones íntegras de series, filmes, comedias y diversas variantes afines, gana un creciente número de seguidores apasionados.

La mera alusión al nombre de Netflix es suficiente para inferir la dirección del servicio. La forma tradicional de televisión como la hemos conocido hasta ahora, en la que toda la programación está predeterminada por otros, está a punto de volverse obsoleta. La televisión de la cultura digital se presentará en un formato personalizado, donde los usuarios tendrán la elección de programar u optar por seleccionar con anticipación, cualquier contenido informativo, documental, de comedia, de suspense, de cine para adultos, de aventuras, de dibujos animados, o cualquier otro tipo de programación en un catálogo extenso de opciones. Cada individuo tendrá la libertad de elegir de manera autónoma el enfoque de sus aspiraciones audiovisuales. La anterior expresión "qué está sucediendo" en el medio audiovisual será sustituida por "qué me gustaría visualizar" en este instante.

En vista de lo expuesto, es evidente que la televisión será transformada radicalmente por la plataforma de transmisión en línea. La retransmisión en tiempo real representará una oportunidad tan adaptable que las principales cadenas televisivas pronto se trasladarán al ámbito digital gradualmente. En la actualidad, la comunicación está dominada por los medios audiovisuales sobre los medios inertes, dado que el público actual es esencialmente audiovisual y se encuentra atraído por el color y el movimiento.

Otro aspecto significativo de la dinámica actual atañe al concepto de simultaneidad, no sólo en términos de transmisión en tiempo real, sino en el contexto de dispositivos multifuncionales que posibilitan una práctica cada vez más arraigada en la cultura digital de la humanidad, a saber, la capacidad de realizar múltiples tareas en el ámbito digital.

En el apartado pertinente a la economía examinaré minuciosamente la cuestión del multitasking. Con todo, es oportuno destacar que la cultura digital implica el ejercicio del multitasking, pues el usuario, al tiempo que revisa noticias, verifica su cuenta en WhatsApp, echa un vistazo a imágenes en Instagram y presta atención a las notificaciones de otras aplicaciones de su interés, simultáneamente revisa sus últimos correos electrónicos. Por consiguiente, en el contexto actual de un vasto flujo de información interconectada y plenamente accesible a un usuario cuya atención es objeto de intensa competencia por parte de numerosas aplicaciones, innumerables sitios web y diversas plataformas, el periodismo emplea la herramienta audiovisual como elemento fundamental para su labor.

Apuntar a captar la atención de los lectores y alentarlos a dedicar su tiempo a una plataforma de noticias en particular implica competir por el interés de las personas que a menudo están involucradas en una multitud de tareas que exigen atención y acción rápidas. La realización de múltiples tareas simultáneamente representa un factor que potencia la velocidad del ritmo diario de las personas. Debido a esto, las plataformas digitales de información hacen uso imprescindible de las redes más populares y adaptables en dispositivos móviles para lograr llegar a los usuarios en todo momento y lugar, quienes se encuentran sumamente ocupados. Ya no es factible esperar el horario específico o habitual del lector/espectador individual para consumir información. Actualmente, es imperativo buscarlos a cualquier hora y dondequiera que estén.

Las afirmaciones anteriores implican transformaciones significativas en la práctica del periodismo. Al momento de transmitir información a las audiencias. Se trata de adentrarse en un vasto y dinámico océano de información que circula en múltiples direcciones. Consecuentemente, cuando se trata de comunicar y ganar la atención de la audiencia, resulta esencial crear un segmento especializado. Edificar una colectividad, progresar y afirmar su propia corporación, conjunto homogéneo en mayor o menor medida (y dotado de motivación) que contribuya a extender el servicio de información en el seno de un colectivo que siempre persigue ampliarse, contagiarse e interactuar.

Metodologías De Comunicación Escrita

Sinopsis

Las técnicas de comunicación escrita son esenciales para todo tipo de empresa

Los propietarios deberían esforzarse por adquirir un alto nivel de competencia o equiparse adecuadamente para desempeñarse eficazmente en su papel.

La comunicación a través de esta modalidad es ampliamente empleada y no es inusual.

Ser apartado en pos de alternativas superiores.

"Entender la eficacia de la comunicación por escrito".

Motivar al propietario de la empresa a asegurarse de que todas las comunicaciones escritas sean garantizadas.

Está adecuadamente equipado y su desempeño en términos de contenido es altamente eficaz.

Escritura

A continuación se detallan algunas de las ventajas que se obtienen al adquirir excelentes habilidades de redacción.

habilidades de comunicación:

La representación del elemento de claridad se hace notar en una modalidad de comunicación que se expresa por escrito.

Y este recurso se emplea con frecuencia en contextos altamente rigurosos, siendo considerado vinculante en términos legales.

entidades.

La comunicación escrita ayuda a establecer requisitos claros y

Principios fundamentales acordados por las partes, allanando así el camino para

Mayor fluidez en la operación del sistema organizativo.

La comunicación escrita también provee los recursos para llevar a cabo una determinada acción.

Es inherentemente de naturaleza bastante duradera, lo cual resulta beneficioso para llevar a cabo la documentación y

mantener registros.

Dentro del contexto empresarial, esta herramienta se convierte en un recurso fundamental al cual es necesario recurrir.

Punto de referencia o por su valor esclarecedor.

Este modo de comunicación también facilita el establecimiento de

La asignación clara y definitiva de responsabilidades mediante un enfoque inequívoco.

Toda la información ha sido debidamente documentada y se encuentra a disposición para su consulta inmediata.

"Asimismo, de manera oportuna suprime la eventualidad de inconvenientes comunicacionales".

Los malentendidos, aunque simulatáneamente coexisten con ambos elementos mencionados anteriormente, continúan presentes.

En ocasiones puede ser hallado, aunque en contadas ocasiones.

A causa de la manera en que la información es presentada, se contabiliza un componente.

En virtud de la necesidad de ser definidos, precisos y explícitos, se requiere una mejora en...

La imagen de la organización se percibe y mantiene encomiable.

En términos legales, existe una escasa cantidad de plataformas adicionales que puedan

"Ofrecer datos objetivos que puedan ser indiscutibles y, por tanto, aceptados como criterio determinante".

en una posible disputa.

Todas las entidades comerciales tienen la responsabilidad de velar por el mantenimiento de cualquier modalidad de "

La comunicación se encuentra respaldada por un estilo escrito para asegurar una.

En un momento dado, estos elementos no representan una amenaza para el negocio.

Capítulo 5:
La relevancia de la comunicación no verbal.

Sinopsis

El lenguaje no verbal es solamente comparado en importancia al poder de la comunicación oral.

Sin embargo, posee un impacto equivalente. Considerando lo anteriormente mencionado, resulta de suma importancia que...

Aquellos que incursionan en el ámbito empresarial tienen un conocimiento claro y preciso acerca de la situación actual.

presentándose.

El cuerpo

A continuación, se exponen algunas consideraciones relevantes a tomar en cuenta al momento de emprender una acción concreta.

impresión:

Al estar de pie, es imperativo mantener una postura erguida y vertical de la columna vertebral.

Al mantener una postura correcta con los hombros en posición vertical y la cabeza levantada.
posición.
Esta postura tiene como finalidad transmitir un sentido de determinación y estabilidad.
confidente. Además, denota que el sujeto experimenta una sensación de gran comodidad y bienestar.
Tanto en relación a su propio ser como en el contexto en el que se desenvuelve.
Postura sedente: adoptar una posición sedente que se complemente con la...
El individuo es primordial, puesto que ninguna persona desea mantenerse al margen de cualquier situación.
efectos.
Mantener siempre una postura adecuada también transmite la sensación de estar alerta y atento.
Preparado para implicarse de manera proactiva en la coyuntura presente.
sentado en silencio
Es igualmente relevante, puesto que cualquier gesto será interpretado como una señal de inquietud.

o incómodo.

Aunque muchas personas tienden a agitar o mover las manos, la acción manual puede ser considerada inapropiada en determinados contextos.

Cuando se hace referencia a este aspecto en particular, es altamente desaconsejable fomentar su discusión, en especial en un ambiente en el que se espera mantener un tono y comportamiento adecuados.

entorno más formal.

La conexión convencional establece que cuanto mayor sea el tono emocional, más excitado será el discurso."

Durante la conversación, se pudo observar una mayor efusividad en los gestos manuales.

En consecuencia, resulta indispensable efectuar una observación reflexiva y deliberada, con el fin de enmendar dicha situación.

Antes de que alguien experimente sentimientos de vergüenza.

Desplazamiento cefálico: realizar movimientos de inclinación hacia arriba y hacia abajo de manera intermitente y adecuada para demostrar acuerdo o comprensión.

El reconocimiento o acuerdo se considera procedente a condición de que no implique ningún tipo de

exagerado.

El movimiento excesivo de la cabeza ocasionaría una serie de consecuencias en la persona en cuestión.

Transformarse en una fuente de risa y, consecuentemente, no ser considerado con seriedad.

Las expresiones faciales constituyen el gesto corporal más revelador, puesto que...

Transmita de inmediato a la contraparte los pensamientos del individuo.

Es crucial adquirir habilidades para manejar adecuadamente las manifestaciones faciales.

rasgo necesario para ejercitarse.

www.ingramcontent.com/pod-product-compliance
Lightning Source LLC
Chambersburg PA
CBHW050419120526
44590CB00015B/2023